AF591989

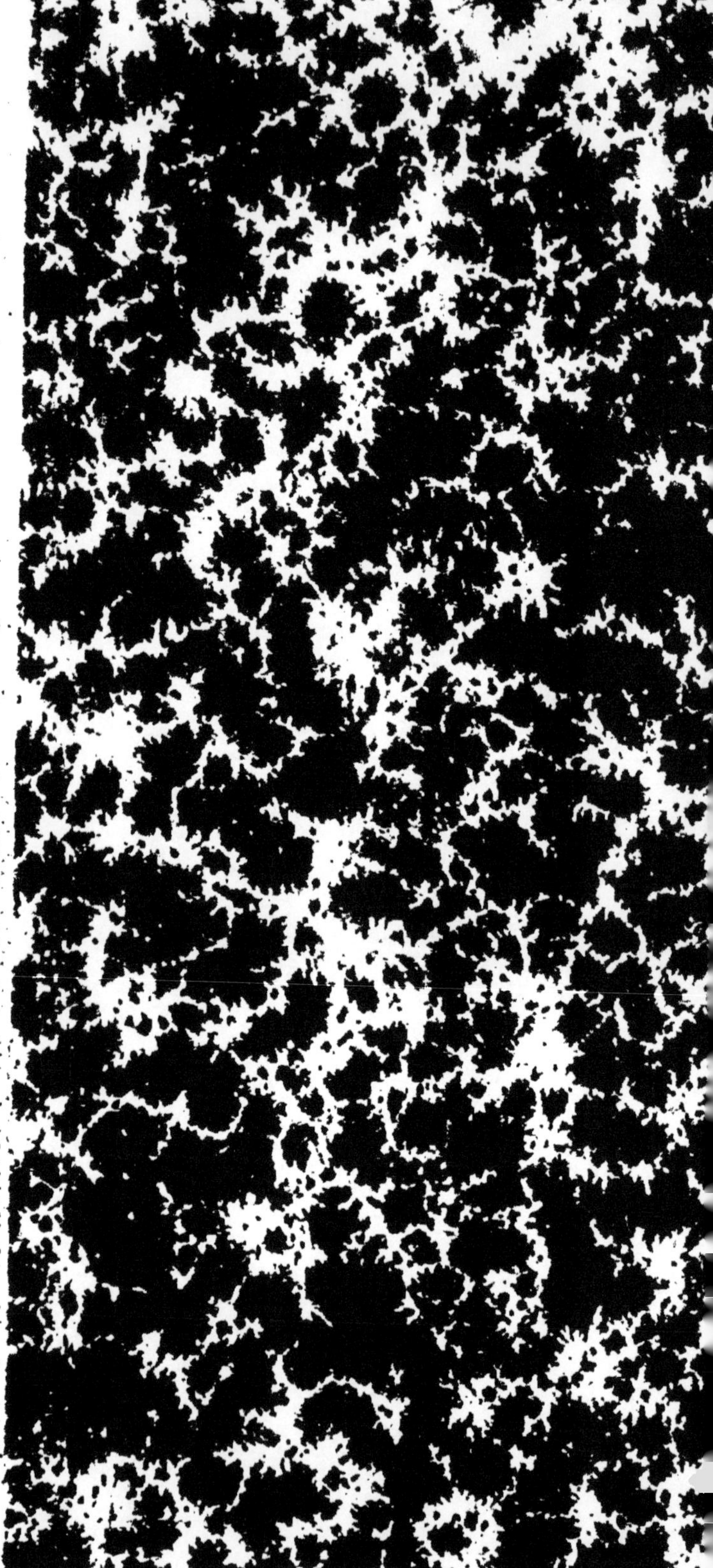

Auguste Pawlowski

Rédacteur au « Journal des Débats ».

Les Syndicats Jaunes

Leurs Origines
La Fédération nationale des Jaunes
Les Doctrines jaunes
La Mise en pratique des Idées jaunes
L'Avenir des Jaunes

Paris, LIBRAIRIE FÉLIX ALCAN.

LES SYNDICATS JAUNES

DU MÊME AUTEUR

A LA MÊME LIBRAIRIE

La Confédération générale du travail. *Ses origines — son organisation — ses tendances — ses moyens d'action et son avenir.* Préface de J. Bourdeau, correspondant de l'Institut. 1 vol. in-16 . . . . 2 fr. 50

Le nouveau Bassin minier de Briey. 1 vol. in-18. Berger-Levrault, Paris et Nancy.

Les Ports de Paris. 1 vol. in-18. *Ibid.*

La Marine marchande et l'Inscription maritime. 1 vol. in-16. Paris, Challamel.

[illegible]. — Coulommiers. Imp. Paul BRODARD. — 2-11.

LES

SYNDICATS JAUNES

PAR

AUGUSTE PAWLOWSKI

Rédacteur au *Journal des Débats*.

LEURS ORIGINES
LA FÉDÉRATION NATIONALE DES JAUNES
LES DOCTRINES JAUNES
LA MISE EN PRATIQUE DES IDÉES JAUNES
L'AVENIR DES JAUNES

PARIS

LIBRAIRIE FÉLIX ALCAN

MAISONS FÉLIX ALCAN ET GUILLAUMIN RÉUNIES

108, BOULEVARD SAINT-GERMAIN, 108

1911

Telle fut l'origine des Syndicats jaunes. Pierre Biétry, qui fut leur plus éloquent apôtre, a écrit dans un de ses livres : « Dans la géographie du monde syndical, on rencontre une région dont le caractère est assez vague, dont les frontières sont assez mal arrêtées, c'est celle qui est occupée par les Syndicats jaunes. » Cette assertion ne nous paraît pas très exacte. Le Syndicalisme jaune a des horizons aussi nettement définis que le Syndicalisme rouge. Il tend à la conquête pacifique de la propriété individuelle, comme le Syndicalisme confédéral a pour objet l'abolition de la propriété individuelle et l'avènement du communisme. Les deux Syndicalismes ont donc une tendance et des fins diamétralement opposées. Ils sont, par essence, des ennemis nés.

On ne saurait donc s'étonner que les affiliés de la Confédération générale du travail aient, de tous temps, mené campagne contre les Jaunes, aient accumulé les diatribes sur leurs têtes, les accusant d'être vendus au patronat, de trahir les intérêts ouvriers, de constituer une agence de placement pour les renégats du travail, enfin de remplir les vides produits par les départs des travailleurs conscients lors des grèves. La colère des confédérés témoigne, évidemment, de l'importance qu'ils attribuent à la Fédération rivale. Pierre Bétry a, d'ailleurs, répondu très justement aux accusations de ses adversaires que le « syndicalisme jaune n'était pas la forme, plus ou moins savante, d'une organisation d'existence négative, c'est-à-dire anti-gréviste, ou destinée à modérer les emballements et les erreurs de la classe ouvrière ».

Cependant le public, qui raisonne souvent sur les apparences, et qui n'envisage que le sort de ses intérêts, a marqué, en maintes circonstances, sa sympathie aux Jaunes parce qu'il voyait en eux un élément d'équilibre, au milieu du conflit qui s'élevait entre le capital et le travail. Lui aussi a considéré les Syndicats jaunes comme des entreprises anti-grévistes, et il les a adoptés comme les syndicalistes de la C. G. T. les repoussaient haineusement.

Les Anglais eux-mêmes, qui en matière syndicaliste font preuve, d'ordinaire, de tant de réflexion, leur ont montré leur mépris, et les trade-unionistes les désignent irrévérencieusement sous le vocable de « black legs », moutons noirs.

Il semble, en vérité, que l'on connaisse aussi mal les Syndicats jaunes que les Syndicats rouges, qu'on ignore la doctrine des premiers autant que celle des seconds. Aussi avons-nous jugé qu'il convenait de consacrer au Syndicalisme jaune un examen analogue à celui que nous avions réservé au mouvement confédéral.

∴

Le Syndicalisme rouge juge que la société ne se transformera qu'à la suite d'une conflagration, d'un cataclysme, pour employer l'expression de Karl Marx. Les jaunes, au contraire, prenant exemple sur la nature, qui ne procède régulièrement que par évolution, estiment que le « progrès ne saurait être complet s'il n'est méthodique et bien équilibré ». (Japy.)

Ils devaient donc se séparer normalement des politiciens rêveurs le jour où ils reconnurent que ces derniers n'avaient d'autre objet que d'arriver au Parlement sur l'épaule des ouvriers, et tendaient, à cet effet, à substituer au Syndicalisme professionnel le Syndicalisme politique. Ils devaient, également, rompre avec les « purs » qui prétendent violenter la nature.

Ainsi, le Syndicalisme jaune nous apparait nettement comme issu de deux causes essentielles : 1° le malaise économique, résultat d'une funeste et longue agitation des milieux prolétariens, et 2° le malaise, plus général, provenant d'une politique aventureuse, et « destructrice des énergies du pays ». (Poizat.)

Certains jours les Syndicalistes se révoltèrent contre les socialistes qui voulaient les asservir sous prétexte de les « sauver »; une autre fois des ouvriers, qui désiraient ne pas cesser le travail, tout en poursuivant leurs revendications, se lancèrent « dans un mouvement de sagesse, qui est appelé à rendre de précieux services aux travailleurs et au pays, parce qu'il veut éloigner toute politique de son sein, rester uniquement professionnel, et par cela même être utile et réformateur ». (Biétry.)

Chose curieuse, le mouvement confédéral et le mouvement jaune nous apparaissent donc comme provenant d'une source unique. Ce sont deux fleuves qui, sortis d'une même montagne, ont coulé vers les versants opposés, et ne sauraient plus jamais se rencontrer.

Cette communauté d'origines du Syndicalisme

confédéral et du Syndicalisme jaune explique l'égal mépris que jaunes et rouges professent pour l'étatisme. Les amis de Biétry suppriment l'État comme ceux de Griffuelhes, ou plutôt ils réduisent son rôle à un simple contrôle.

Les Jaunes, qui se prétendent des hommes de réalisations — un mot que la politique présente a emprunté au Syndicalisme jaune — ne se proposaient pas d'innover en repoussant l'ingérence de l'État dans le domaine économique.

Antérieurement à la Révolution des associations libres, professionnelles, d'ouvriers et de patrons, ont existé en dehors de toute influence d'État, et les services qu'elles ont rendus ne sont pas de ceux qu'on pourrait oublier.

Le Syndicalisme jaune peut, par là, se rattacher au grand mouvement corporatif du moyen âge, et nous verrons, dans la suite, que son programme s'est, parfois, inspiré des leçons et des enseignements du passé.

Le mouvement confédéral est anti-scientifique, proclament les Jaunes. Les Jacobins croient, disent-ils, pouvoir modifier la société au gré de leurs vues de justice et de leurs appétits de bonheur, parce que la société leur semble une œuvre artificielle. Or, ils ne tiennent pas assez compte des lois de la science et des faits de l'expérience, du progrès et des habitudes modernes. Enfin, ils traitent la machine humaine comme une machine inerte dont ils peuvent transformer les rouages.

Au contraire, le Syndicalisme jaune la considère comme une machine vivante, ce qui lui a permis de dégager la grande loi, naturelle et nécessaire, qui doit régir les rapports du capital et du travail : les deux éléments doivent s'associer et se compléter; en conséquence il convient d'organiser des associations libres, purement professionnelles, d'ouvriers et de patrons, indépendamment de toute action étatiste, et par métiers et régions.

En outre, en vertu de considérations scientifiques, et des exigences qu'impose le progrès, il est utile que les Syndicats patronaux soient distincts des Syndicats ouvriers. La liaison entre les deux éléments de l'activité économique sera assurée par des fédérations générales. Le Syndicalisme jaune est essentiellement fondé sur ce principe.

Né en France, Français d'adoption et de tendances, le Syndicalisme jaune a, malgré son rayonnement, trop peu connu, à l'étranger, tenu à demeurer Français. Aussi a-t-il choisi comme insigne le genêt, plante commune à toutes nos provinces, et dont on trouve, sur notre sol, des fleurs en toutes saisons. Jadis, les corsaires, lorsqu'ils partaient pour une campagne, plantaient, à la tête du grand mât, une touffe de genêt. Le vent de mer égrenait les pétales mortes, mais le balai persistait, « symbole de la terre de France ». Alors que le Syndicalisme confédéral se ressent, et se ressentira toujours des influences germaniques de son aurore, le Syndicalisme jaune reste bien, tout entier, nôtre. A ce titre, il mérite déjà toute notre attention.

II

LES PREMIERS SYNDICATS INDÉPENDANTS ET LANOIR

Les premiers syndicats indépendants virent le jour sous l'auvent des églises. Ce furent des Syndicats catholiques, à tendances confessionnelles, organisés par les démocrates chrétiens, ou le clergé. A Paris, en 1887, le frère Hieron fondait, 14, rue des Petits-Carreaux, le Syndicat des Employés, dont les débuts furent difficiles. Le développement de ce groupement, qui exigeait de ses membres l'affiliation à une œuvre de persévérance religieuse, ne date que de 1892. Les frères des Écoles chrétiennes ayant accordé aux adhérents des libéralités, le nombre des membres augmenta progressivement, et l'autorité du Syndicat s'en accrut d'autant. En 1899, le Syndicat était invité à participer aux élections pour le Conseil Supérieur du travail; en 1900, il recueillait une médaille d'argent pour sa participation à l'exposition universelle.

Cette extension de sa popularité incita ses dirigeants à remanier les statuts syndicaux. On n'exigea plus, désormais, des membres qu'une profession de foi catholique. La cotisation mensuelle fut fixée à 0 fr. 50. Le Syndicat percevait 10 p. 100 sur les opérations coopératives. En 1901, le budget du Syndicat s'élevait à 14 166 francs pour les recettes, et à 12 868 pour les dépenses. En 1902, le nombre des adhérents s'élevait à 2 342.

Le Syndicat poursuivait un triple but : professionnel, économique et social. Sur le terrain professionnel, il avait organisé un service de placements, qui procurait, en 1901, 65 places à ses adhérents, des cours, des groupes professionnels; dans le domaine économique, il avait fondé une coopérative dont les recettes, en 1901, atteignaient 131 809 francs, une société de secours mutuels, *La Fraternité commerciale*, assurant à ses membres la gratuité du médecin et un salaire quotidien de maladie de 2 francs, une caisse de prêts, un restaurant coopératif, des consultations juridiques, un cercle de soldats. Il agissait, enfin, socialement par des commissions d'études, et poursuivait l'éducation de l'ouvrier par son journal, *L'Employé*.

En 1898 et 1899, à l'image du Syndicat des Employés, et sous la même impulsion, s'instituaient les Syndicats du Livre, de la Métallurgie, du Bâtiment, de l'Ameublement et de l'Habillement. Tous ces groupements, par le fait de la communauté de leurs origines et de leurs doctrines, avaient un programme analogue, des statuts identiques, une organisation semblable.

Le Syndicat du Livre, fondé par M. Berteaux, comptait, en 1901, 5 à 600 membres, et 20 sections en province. Pour en faire partie, il fallait avoir seize ans accomplis, appartenir à la profession du Livre, être régulièrement payé, verser 1 fr. 25 de droit d'entrée et 1 franc de cotisation mensuelle, enfin se conformer aux statuts.

Le Syndicat avait, comme celui des Employés, son bureau de placement, sa coopérative, sa caisse de chômage; il avait institué une caisse de grève, laquelle, en cas de cessation de travail, versait le demi-salaire, un viaticum, etc.

Groupement actif, il revendiquait un salaire minimum, et le repos dominical; mais il posait en principe que la grève ne pourrait être déclarée qu'après des tentatives sérieuses de conciliation et au vote secret. Le Syndicat, qui avait noué des relations avec les Syndicats patronaux, et les groupes prolétariens de province — ces derniers qu'il avait agrégés en Union — s'abstint de participer moralement aux grèves de Limoges et Nancy, mais soutint de ses deniers les grévistes de l'imprimerie Paul Dupont, à Clichy, *Le Courrier du Livre* était l'organe du Syndicat, qui témoignait d'une réelle vitalité.

Le Syndicat de la Métallurgie (600 membres en 1901) avait formé une commission d'études qui examinait les questions de l'association du capital et du travail, des salaires, des caisses de retraites, de la personnalité civile des syndicats, des habitations à bon marché, etc., et prit, lui aussi, part à des conflits avec le patronat.

Un organe, *L'Écho des Syndicats*, groupait les employés, les adhérents du livre, les métallurgistes, le bâtiment (200 membres), l'habillement (150 membres) et l'ameublement (80 membres).

La province n'était pas restée à l'écart du mouvement de syndicalisme chrétien.

Dans le département du Nord, grâce à l'activité de quelques esprits éclairés, Leclercq, Decapman entre autres, des syndicats catholiques s'étaient fondés, unis par une Fédération et un journal, *Le Peuple*. Le centre et l'ouest avaient suivi le mouvement. Des congrès avaient rapproché tous ces éléments : à Reims en 1893, à Nantes, Lille, Tours, Blois, Roubaix, Angers: mais le patronat montrait peu de sympathies pour ces groupes corporatifs, et l'on peut lire dans *Le Peuple* les amères doléances des intéressés. A vrai dire, ces associations professionnelles, malgré leurs intentions sincères, demeuraient isolées et faibles. Cependant, en 1901, quelques syndicats émergeaient de ce chaos : ceux des textiles, et ceux des mineurs. Le Syndicat des Tisseurs de Tourcoing, présidé par l'ouvrier François Loth, et dirigé par Deguesselle, rédacteur de *La Croix du Nord*, brillait par son organisation. Sa coopérative fonctionnait heureusement; son organe, *Le Petit Jaune*, était lu avec intérêt. Le Syndicat avait associé 39 groupements du textile (Union fédérale).

Les statuts de la Fédération étaient conçus avec sagesse, et nous y voyons, en 1901, figurer les principes chers, dans la suite, à la Fédération des Jaunes.

Nous croyons, pour cette raison devoir en transcrire les sept premiers articles :

ARTICLE 1er. — En cas de menace de grève, de différend ou de contestation avec les patrons, soit au sujet du travail ou pour toute autre cause, tout ouvrier syndiqué travaillant dans l'usine où le différend se produit doit immédiatement avertir le bureau central de la Fédération.

ART. 2. — Tout ouvrier, en entrant dans la Fédération, s'engage, dans tous les cas visés dans dans l'article 1er, à ne jamais se mettre en grève avant que le conseil de corporation et le conseil de conciliation aient déclaré avoir épuisé tous les moyens de conciliation sans résultat. L'ouvrier syndiqué doit en ce cas aviser le bureau central.

ART. 3. — En cas de grève déclarée, les syndiqués forcés au chômage se réuniront tous les jours au siège de l'Union fédérale de leur profession.

ART. 4. — Dans les cas urgents, quand les

présidents jugeront nécessaire de convoquer leur groupement en dehors des époques prévues, et que la convocation portera la mention « Urgent », tout syndiqué est tenu, sous peine d'amende à fixer par son syndicat, à assister à la dite réunion.

Art. 5. — Tout manquement grave individuel au présent règlement sera déféré devant le conseil du syndicat auquel appartient le syndiqué contrevenant; le conseil, en ce cas, appliquera l'une des pénalités prévues au paragraphe 3 de l'article 4 des statuts, ou renverra la cause devant le conseil d'union fédérale.

Art. 6. — Tout manquement au présent règlement comme syndicat sera déféré d'office devant le conseil d'union fédérale, qui appliquera au syndicat contrevenant l'une des pénalités prévues à l'article 10 des statuts des unions fédérales.

Art. 7. — Le présent règlement, voté en assemblée générale, est applicable dans tous les syndicats des trois unions fédérales, de triage et peignage, de filature et de tissage et ne pourra être modifié que sur la proposition du conseil de la fédération et par décision de l'assemblée générale.

La Fraternité, syndicat lillois, formulait les mêmes règles concernant la cessation du travail, dans l'article 23 de ses statuts; d'autres préconisaient la même tactique en cas de conflit.

Les mineurs de Valenciennes avaient été organisés par M. Delcourt-Haillot, qui les avait groupés en Union, dite de la Sainte-Barbe, dont l'organe s'intitulait *Le Travailleur libre*. Les ouvriers de la mine n'avaient point uni leurs efforts pour se déclarer seulement syndiqués. Ils rédigeaient un cahier de revendications, qui contient encore quelques renseignements intéressants. C'est ainsi qu'ils réclamaient : l'augmentation des salaires, après, toutefois, entente avec les patrons, et « suivant les conditions du marché dans les pays voisins », l'arbitrage permanent, la modification de la loi de 1894 sur les retraites, l'abaissement de la liquidation de la retraite à cinquante ans, l'attribution du secours aux veuves sur de nouvelles bases, la limitation des pouvoirs des délégués mineurs, le non-congédiement pour faits de grèves, etc.

Il ne s'agit donc pas là, comme on l'a prétendu, d'un groupement négatif, sans aspirations, de syndicats fantômes à la solde de capitalistes ou de gens d'église.

Mais ces syndicats étaient trop confessionnels, il faut l'avouer. Leur action demeura limitée.

A côté des Syndicats chrétiens s'étaient constitués les véritables Syndicats jaunes et indépendants, ceux-ci nés en pleine bataille sociale, au milieu des déchirements de la révolution syndicale à ses débuts. Tels furent les Syndicats de Monceau et du Creusot.

Au mois de mai 1899, une grève éclatait au Creusot. M. Schneider refusa, pour mettre fin au conflit, d'entrer en rapports avec le Syndicat rouge, bien que celui-ci comptât les deux tiers de ses ouvriers. Le Syndicat rouge n'en devint pas moins très puissant, et l'on dut recourir à l'arbitrage de M. Waldeck-Rousseau, qui jugea que « l'intermédiaire du syndicat, auquel appartient l'une des parties, peut être utilement employé si toutes deux y consentent, mais ne peut être imposé ».

Les Rouges s'inclinèrent devant cet arrêt, et dissimulèrent leur dépit. Peu de temps après, une nouvelle grève éclata dans les usines. M. Schneider invita son personnel à reprendre le travail. Le 2 juin, 250 travailleurs se présentaient aux ateliers. Il fallut faire appel à la force publique pour les protéger contre la fureur des syndiqués rouges, et les nourrir. Comme le repas qui leur fut offert, un jour maigre, se composait de pain et de saucisson, et que les dissidents appartenaient à la fraction catholique, le surnom de « saucissons » leur fut appliqué par dérision.

Les Rouges, par vengeance, expulsèrent les dissidents de la Société de secours mutuels du Creusot. Ceux-ci se rangèrent alors autour d'un des leurs, M. Mangematin, peintre au Creusot, et constituèrent un syndicat indépendant, qui prit pour insigne un gland jaune, d'où le nom de *Jaunes* sous lequel, désormais, on les désigna (1er novembre 1899).

Un éloquent appel avait été rédigé par les Jaunes pour inviter les ouvriers à se joindre à eux. Ce document s'exprimait en ces termes :

« Nous voulons fonder un Syndicat ouvrier destiné à défendre énergiquement les intérêts des travailleurs et à les grouper afin de resserrer les liens de fraternité dans des sentiments de conciliation, de paix, de travail et de liberté.

« En fondant ce Syndicat, nous voulons éviter les discordes, et conserver, dans la mesure du possible, les relations amicales qui doivent subsister entre ouvriers et patrons. Toutes les questions politiques et religieuses seront rigoureusement exclues du Syndicat. » Malgré cette proclamation toute pacifique, les syndiqués Jaunes du Creusot eurent à soutenir une lutte âpre contre les Rouges qui ne désarmaient pas, et ne leur ménageaient aucune vexation, et contre la direction des usines qui voyait avec méfiance s'instituer un Syndicat nouveau. Les Jaunes vinrent à bout de toutes les difficultés. Ils firent tenir à leurs chefs une adresse ainsi conçue : « Vous n'avez aucune raison de vous défier de nous; nous ne sommes pas des politiciens; nous ne voulons pas transformer l'atelier en officine de politique; nous sommes simplement des ouvriers désireux de travailler en paix et de vivre en bonne harmonie avec vous; aussi espérons-nous que vous serez pour nous de bons patrons comme nous entendons être pour vous de bons ouvriers. » Les syndiqués Rouges cessèrent de molester les Jaunes, et le Syndicat n° 2 du Creusot comptait, en 1902, 5 215 membres.

Le Syndicat jaune de Monteeau-les-Mines était fondé vers la même époque. Une grève politique avait éclaté à Monteeau, et le citoyen Maxence Roldes était venu attiser les haines. Quelques hommes, huit exactement, Burtin, Monamy, Dessolin, Purier, Moreau, Royer, Riboulet et Perron, voulurent s'affranchir du joug des révolutionnaires. Le 19 décembre 1899 ils affichaient leur programme : respect de la discipline et des chefs, liberté complète en dehors du travail. Un mois plus tard, le Syndicat avait reçu plusieurs centaines d'adhésions, soutenu qu'il était par deux journalistes parisiens, MM. Étienne Charles et Janne, venus pour suivre les péripéties de la grève.

La direction des mines avait jusque-là témoigné quelque sympathie aux dissidents. Le nouveau directeur, M. Coste leur fut moins accueillant. Les Rouges en profitèrent pour prendre leur revanche, et persécuter leurs adversaires. M. de Seilhac raconte que des incidents douloureux ne cessaient de se produire : un vieillard de soixante ans fut précipité d'une hauteur de trente marches par une bande de jeunes gens; un Jaune resta, pendant une heure, la jambe prise sous son charriot sans que les Rouges qui l'insultaient vinssent lui porter secours. On emplissait de terre les gamelles des carriers, on déchirait les vêtements des mineurs au fond des puits.

Plus sauvage encore fut l'aggression du 5 août 1900.

Les Jaunes devaient tenir leur assemblée générale au Café de la Mairie, siège de leur groupement. Les Rouges se résolurent « à leur donner la correction qu'ils méritaient ». Ils firent l'assaut du café. Des coups de revolver furent tirés sur l'établissement, des pierres, des projectiles de toutes espèces furent lancés contre la devanture de la boutique, dont les vitres volèrent en éclats. On dut délivrer les assiégés. Dans la rue, les scènes de révolution se poursuivirent. Le journal *L'Impartial de Saône-et-Loire* du 9 août écrivait à ce sujet :

« Nous n'en finirions pas si nous voulions raconter tous les détails de cette journée. Ici, c'est un domestique, Édouard, qui, pour fuir la fureur des forcenés qui le poursuivent, cherche à escalader une grille. Poussé par la foule, il tombe sur les piques de la grille; les cannibales qui le pressent le frappent à coups redoublés, et appuient sur son corps pour l'enfoncer davantage. Dégagé par le préfet, il est horriblement pâle; le ventre est ouvert.

« On le transporte à grand'peine dans une maison voisine où il reçoit les premiers soins. Son état est si grave que le préfet juge nécessaire son transport à l'hôpital. La voiture qui l'emmène est arrêtée à chaque instant par la foule qui voudrait le frapper encore. Le préfet, devant une telle barbarie, ne peut retenir son indignation : « Lâches! leur cria-t-il, vous ne respectez pas « même les blessés! » Ailleurs, c'est un ouvrier, Soty, qui est injurié et frappé par sa sœur et son beau-frère; il a de nombreuses contusions, son visage est strié de coups de griffes!

« Les membres du Syndicat n° 2 sont obligés de défiler deux à deux, tant est petit l'espace laissé libre par la foule qui les attend. Au passage, on les injurie, on leur fait les cornes, on leur crache au visage, on les frappe du pied. Plusieurs sont attirés de force au milieu de la foule, on leur maintient les mains pendant que d'autres les soufflètent. Les blessés se chiffrent par cinquante ou soixante; tous appartiennent au

Syndicat n° 2. Le président Burtin, le trésorier Purier, le trésorier-adjoint L. Moreau, et presque tous les membres du bureau du Syndicat sont couverts de blessures, parce qu'ils avaient tenu à affronter les premiers la colère de ce peuple déchaîné! »

Cependant, le propriétaire du Café de la Mairie, M. Perraut, faisait réparer les brèches, et remplacer les carreaux cassés par des feuilles de papier jaune. Les Rouges tournèrent ces réparations en ridicule, et, ironiquement, qualifièrent les assiégés de « jaunes ». Ce nom devait désormais servir à désigner les dissidents. Quelques écrivains ont pensé qu'il fallait attribuer au mot « jaune » une autre origine. Il viendrait, selon certains, du gland jaune que les syndiqués indépendants de Montceau arboraient lors de leurs réunions.

Le Syndicat jaune de Perrecy-les-Forges, bourg voisin de Montceau, remonte au mois de janvier 1900. La compagnie d'Anzin y exploitait alors un charbonnage. En juin 1899, les ouvriers de Perrecy s'étaient mis une première fois en grève en réclamant une moyenne de 4 fr. 50 par jour (or ils touchaient 4 fr. 75). Une seconde grève avait éclaté à la suite du renvoi de deux travailleurs. Une troisième fut décrétée le 25 décembre 1899, six ouvriers ayant été congédiés pour avoir insulté directeur et ingénieur. Une vingtaine de mineurs continuèrent le travail. Leur exemple fut suivi. On compta bientôt quarante dissidents, qui attaquèrent les Rouges, et leur prirent leur drapeau. L'énergie des Jaunes assura à leur Syndicat la prééminence sur le prolétariat de Perrecy.

∴

Les Syndicats jaunes étaient alors, à Paris, au nombre de 85; ils furent bientôt sollicités d'adhérer à la Fédération des Bourses et à l'Union des Syndicats de la Seine. Ils s'y refusèrent. On les expulsa de la Bourse. Le 15 septembre 1901, M. Lanoir, qui fut, quelque rôle qu'on se soit plu à lui attribuer, le fondateur du fédéralisme jaune, pensa à leur assurer un domicile légal en les groupant en Bourse du Travail indépendante ou Union fédérative des Syndicats ou groupements professionnels. « Expulsés de la Bourse des Syndicats politiques, disait plus tard

M. Lanoir, nous en avons formé une autre pour les Syndicats professionnels. »

La Bourse indépendante devait, également, servir de centre aux Syndicats jaunes qui s'étaient constitués à Tours, Vierzon, Angers (où un office du travail avait été ouvert, ayant pour organe *Le Salut social*), Bourges, Saumur, Nantes, Saint-Nazaire, etc.

M. Dufourmantelle, en 1902, affirmait que la Bourse de M. Lanoir avait agrégé 211 Syndicats et 9 800 travailleurs[1]. Ces chiffres me paraissent sujets à caution. Cependant, on ne saurait nier que le Conseil municipal de Paris vota à la Bourse indépendante une première subvention de 38 500 francs. M. Millerand refusa au Préfet de la Seine l'autorisation de mandater le paiement de cette somme. En vain le Conseil municipal réitéra-t-il son vote. M. Millerand maintint son veto.

Il fallait, de toute nécessité, recourir à d'autres concours. M. Lanoir ne doutait pas de réussir dans sa tâche. Il croyait pouvoir compter sur l'appui moral et matériel des « membres les

1. *Syndicats ouvriers*, 2 mars 1902.

plus intelligents et les plus clairvoyants du patronat qui, comprenant la nécessité de l'œuvre de paix sociale des Jaunes, aideraient à son éclosion ».

En prévision de cette manne — problématique — il louait rue des Vertus, 6, un local pour dix ans, faisait installer le téléphone, meubler et aménager 27 bureaux. *L'Union ouvrière*, dont le premier numéro avait paru le 20 avril 1901, était l'organe officiel de la Bourse du Travail indépendante.

M. Biétry a porté contre M. Lanoir les plus graves accusations : il l'a représenté comme un agent de M. Waldeck-Rousseau, lequel eut craint la création de Syndicats libérés de toute tutelle politique; il a écrit que M. Lanoir « avait créé une véritable industrie, dont il était, avec le Gouvernement, le seul bénéficiaire ».

Cependant Lanoir se remuait, et le 23 décembre 1901 le président Loubet recevait à l'Élysée les délégués de la Bourse indépendante, et assurait l'œuvre « de toute sa sympathie ». Si les chiffres de M. Lanoir n'ont pas été amplifiés, et il y a lieu de le supposer, l'organisation groupait alors 317 syndicats et 200 000 adhérents. La grande presse, *Journal*, *Petit Parisien*, *Siècle* en tête, applaudissait à cette initiative, qui rencontrait les approbations et les encouragements de l'Association républicaine de M. Méline. Le patronat, las des agitations révolutionnaires qui se perpétuaient depuis 1898, ne faisait pas d'opposition au mouvement jaune.

C'est dans ces conditions que M. Lanoir réunit les 27, 28 et 29 mars 1902, le Congrès de Saint-Mandé. Cette assemblée n'avait, en fait, aucun programme devant elle. Lanoir s'était contenté d'une formule : « le capital travail et le capital argent sont les deux facteurs indispensables à la vie sociale. L'un complète l'autre; les deux se font vivre mutuellement. Le devoir de ces deux collaborations est donc de rechercher amiablement, de bonne foi et en toutes circonstances, le point de rencontre des concessions réciproques qu'ils se doivent l'un et l'autre ».

Comme programme, cela ne pouvait suffire. Aussi M. Biétry a-t-il jugé que l'organisateur n'avait pas précisé ses intentions parce qu'il avait, au fond, pour objectif, la formation d'associations ouvrières *anti-grévistes*.

Quoiqu'il en soit le Congrès eut un certain

retentissement, dû à la présence de délégués de l'Union centrale des Sociétés agricoles, de représentants d'Unions patronales et des Associations du Nord, si vivaces. Quelques discours méritèrent d'attirer l'attention. M. Léon Verleye, bijoutier dessinateur, parla au nom des travailleurs de l'Art, pour lesquels il revendiqua l'égalité devant les lois ouvrières. « L'armée du travail, dit-il, est un tout. Il faut donc une fraternité des travailleurs. » L'orateur observait, en outre, qu'entre l'ouvrier travaillant chez le patron, le travailleur libre ou l'artisan et l'employé ne se trouvait aucune différence. Tous, concluait-il, ont droit à l'accès aux syndicats, et à l'aide matérielle et morale que ceux-ci peuvent offrir.

M. Delcourt-Haillot réclama l'incessibilité et l'insaisissabilité des salaires d'ouvriers et employés gagnant moins de 2400 francs. Enfin M. Failliot, depuis député, industriel notoire, déposa une motion en faveur de la participation du travail aux bénéfices du capital, « la meilleure solution des irritations sociales », « article pratique du problème d'émancipation des travailleurs ».

2.

Le Congrès de Saint-Mandé se termina sur une apothéose... Quelques jours plus tard M. Biétry rompait avec M. Lanoir. La seission attendue se produisait. La première phase du Syndicalisme jaune était close.

III

LA FÉDÉRATION DES JAUNES DE FRANCE. REVERS ET SUCCÈS

Pierre Biétry, adjoint de Lanoir au secrétariat de la Bourse du Travail indépendante, avait, dès le premier jour du Congrès, témoigné à son chef hiérarchique une certaine animosité que justifiait, selon le futur député de Brest, « l'équivoque de son langage, le soin qu'il prenait de ne formuler aucune revendication, professionnelle ou sociale, précise, et surtout sa persistance à engager ses disciples, malgré eux, à chaque instant, dans les coulisses de tel ou tel parti politique ».

Autour de Biétry se groupèrent Sloens, du livre, Verleye, des dessinateurs, Jarry, des employés, Bressan du gaz. L'exclusion de Biétry de la Bourse indépendante, prononcée par Lanoir, détermina la rupture irrémédiable. Celle-ci fut consacrée, le 1er avril 1902, par la fondation de la Fédération nationale des Jaunes de France, qui lança aussitôt dans le monde ouvrier un manifeste qui fut tiré à plus de 30000 exemplaires. A Paris seulement 10 000 exemplaires furent distribués, et tous les journaux reproduisirent le document.

Celui-ci, dans son essence, posait, pour la première fois, la question de la participation aux bénéfices, répudiait les grèves politiques ou non nécessaires, revendiquait la fixation des heures de travail par corporations, régions et métiers, d'accord avec les patrons, sollicitait le développement parmi la classe ouvrière des grands moyens sociaux de relèvement et d'indépendance, et des garanties pour la vieillesse des travailleurs pauvres (mutualités, assistance, retraites ouvrières), réclamait les améliorations indispensables au développement physique et moral du prolétariat; enfin, à la suite de l'enquête faite par un industriel anglais, M. Masely, qui concluait à la supériorité des ouvriers américains sur les autres travailleurs par le fait même de leur instruction supérieure, les Jaunes se proposaient de donner tous leurs soins à l'éducation civique des travailleurs « en vue de leurs droits et des libertés nécessaires, à un grand peuple : libertés d'association, d'enseignement, de conscience, de propriété ».

Il y a lieu d'observer que le manifeste ne touchait pas un mot du socialisme ni de l'accession à la propriété, qui seront à la base du mouvement jaune dans la suite.

La nouvelle Fédération était pauvre. Elle accepta l'hospitalité que lui offrit le député Congy dans sa permanence de la rue Rampon, 6. Biétry, sacrifiant ses quelques économies de travailleur, dota l'organisation d'un journal, *L'Ouvrier indépendant*, dont le premier numéro parut le 1er juin. Cette feuille contenait une déclaration, où les rédacteurs faisaient le procès aussi bien des « pirates », du Syndicalisme rouge que de ceux du Syndicalisme jaune (ceci dirigé contre Lanoir). Le socialisme n'était pas encore honni par les Jaunes. Ces derniers ne songeaient alors qu'à l'épurer, et se donnaient comme les « dépositaires » du « vrai socialisme français ».

En juin (numéro du 25), le journal s'élevait violemment contre les subventions accordées aux syndicats par les pouvoirs municipaux. Mais l'argent manquait. *L'Ouvrier indépendant* vivait péniblement; il disparut à la fin d'août 1902 ainsi que la Fédération, qui n'avait plus de toit pour abriter son avenir.

Toutefois, les dirigeants du mouvement ne perdaient pas confiance. Ils s'efforçaient de réagir contre l'adversité, et de reconstituer le groupement évanoui. Le 23 décembre 1902, une réunion préparatoire fut tenue 23, rue Béranger.

Le citoyen Biétry rendit compte à l'assemblée des efforts qu'il avait tentés et des espoirs qu'il fondait sur la solidarité corporative. Quelques orateurs insistèrent pour que l'épithète de jaune fût écartée comme pouvant prêter aux moqueries des adversaires du parti. Leur avis fut approuvé. L'auditoire décida qu'une réunion du Comité d'organisation serait convoquée pour le 1er janvier, et que les représentants autorisés de la Fédération nationale des Jaunes seraient invités à consentir à la modification de ce titre en celui d'Union fédérative des ouvriers et Syndicats professionnels indépendants.

Cette union devait, en outre, être priée d'adhérer immédiatement au *Parti socialiste national* constitué par les travailleurs libres, non inféodés au Syndicalisme rouge.

On le voit manifestement, les fondateurs du mouvement jaune n'abdiquaient nullement leurs origines, et même le proclamaient officiellement : « Nous sommes avant tout des *socialistes*, s'écriaient-ils le 23 décembre, mais le sommes avec sincérité, alors que ceux qui avaient jusqu'ici pris cette étiquette n'avaient d'autre but que de duper la classe ouvrière. »

La Fédération nationale des Jaunes abandonna son titre le 1er janvier, ainsi qu'elle en avait été sollicitée, et se plaça sous l'égide du P. S. N. (parti socialiste national), qui renouvela les déclarations contenues dans le manifeste d'avril 1902, en les complétant. « Notre socialisme, exposait le Comité, est un socialisme d'amour et de paix, non de haines et de guerres, un socialisme d'émancipation et non d'abdications et de luttes stériles, un socialisme de réformes persévérantes, indispensables au développement normal de la classe ouvrière, et non un socialisme jouisseur. »

Le nouveau Parti s'était installé dans un très modeste logement de la rue Pierre-Lescot, 5, au voisinage des Halles. Il fut contraint de la quitter au bout de quelques mois, faute de ressources, pour se réfugier 3, rue Greffulhe où l'Action mutuelle lui concédait la sous-location d'un bureau minuscule.

En dépit de ces traverses, le parti publiait une feuille, *Le Travail Libre* (1er février 1903), où il s'efforçait de dissiper le malentendu qui séparait anciens et néo-socialistes : « Il faut que tout le monde possède; à chacun une parcelle de propriété », tel était le programme défendu par le P. S. N.

Le Travail Libre n'eut que neuf numéros mais sa propagande ne fut pas inutile, car, en juillet 1903, le parti était assez bien organisé et soutenu pour tenter l'ouverture d'une nouvelle Bourse libre du Travail dans un local de la rue de la Corderie, 14, où avait siégé jadis la Chambre fédérale des Associations ouvrières[1].

Trente Syndicats adhéraient, à ce moment, à l'Union fédérative des Ouvriers et Syndicats indépendants. Le *Journal des Débats* saluait en ces termes cette renaissance ouvrière : « C'est

1. Cf. *La Confédération générale du Travail.*

l'union des classes opposée à la lutte de classes, le respect des consciences, par opposition à l'anticléricalisme qui s'est introduit dans les Syndicats rouges, de la liberté de l'individu, assurée par le maintien de la propriété au lieu de son incorporation dans l'État par la suppression de la propriété. »

Une active propagande était faite en province. Elle aboutissait au Havre à la fondation, par M. Czulowski, de la Bourse libre du Travail, à Boulogne-sur-Seine, à Caen d'établissements analogues. A Toulon, Cherbourg, Brest, Marseille, dans l'Est les Syndicats indépendants se multipliaient.

Malheureusement, ce développement moral n'était pas associé à une expansion matérielle. *Le Travail Libre* et les tournées de conférences absorbaient toutes les ressources.

Après six mois de luttes, le P. S. N. dut plier bagages.

Le 17 novembre 1903 les militants du parti décidaient la suspension de toute action, et la fin de la publication du journal.

∴

Un an s'écoula, pendant lequel les membres du P. S. N. ne firent plus parler d'eux. Brusquement, car ils avaient mis à profit cet interrègne, le 1er janvier 1904 apparaissait le journal *Le Jaune*, 85, rue de la Victoire. L'article liminaire de la gazette constituait un manifeste, mieux un manifeste de combat que n'eussent pas désavoué certains Syndicats rouges.

Les Jaunes y dévoilaient toute leur pensée. Ils y revendiquaient précisément pour les travailleurs *le droit à la propriété*. « Nous voulons, proclamaient-ils, modifier le salariat, non dans le sens du collectivisme, mais dans le sens de la propriété individuelle. » Ils reprenaient, et cette fois définitivement, le titre de jaunes, dont ils se faisaient un drapeau, mais en spécifiant catégoriquement que le terme ne désignait pas un *négateur*, un anti-gréviste, mais bien un ouvrier décidé à l'action.

Le journal ne se faisait pas faute de malmener la Bourse du Travail indépendante de Lanoir, qui, après bien des vicissitudes disparut. Les feux d'une enchère dispersèrent les derniers meubles de cet établissement; avec la Bourse de la rue des Vertus se terminait l'expérience de ce que Biétry a pu logiquement appeler « le mouvement jaune négatif ».

Cet événement favorisait les desseins de Biétry, qui reconstitua la Fédération des Jaunes de France. Des cartes d'adhérents furent imprimées et distribuées, un programme complet arrêté. Il consacrait la nouvelle tactique du parti : la lutte contre le collectivisme et l'étatisme, l'accession de la main-d'œuvre au capital et à la propriété.

Organismes de combat, la Fédération et son journal ne ménagèrent ni les assauts, ni les violences dans le langage et la polémique. Aux Rouges ils crachaient leur mépris, tandis qu'ils fustigeaient les indépendants indécis. Une campagne virulente était menée contre les subventions officielles allouées aux Rouges. « Depuis vingt ans, clamaient les Jaunes, les Syndicats rouges ont coûté aux pays autant que l'invasion de 1870. » Pourquoi ces condescendances, pourquoi ce parasitisme ouvrier, alors qu'à l'étranger, en Allemagne, en Angleterre, en Belgique, aux États-Unis les syndicats ne doivent leur puissance qu'à leur indépendance vis-à-vis de l'État?

Sur un terrain plus pratique et utilitaire, les Jaunes organisaient, dès 1904, le placement gratuit. Le Syndicat de Boulogne-sur-Seine fournissait bientôt la blanchisserie locale. Biétry était reçu au Palais-Bourbon par le groupe des députés de Paris. Il tendait à leur démontrer que les bureaux officiels institués par la loi nouvelle étaient plutôt nuisibles aux intérêts ouvriers, en tous les cas ils ne sauraient être en nombre pour répondre à tous les besoins. Aussi les Jaunes étaient-ils disposés à créer des bureaux libres pour le mieux des intérêts de tous. Le groupe félicita les Jaunes de cette initiative. Mais ceux-ci ne s'en trouvèrent pas moins aux prises avec des difficultés multiples. Un premier essai ne réussit pas. Plus heureuse fut la tentative qui aboutit à la fondation du *Genêt*, fondation à laquelle s'attache le nom de Mlle de Weldegg. Le *Genêt*, qui établit ses pénates 16, rue des Saints-Pères, prit un rapide essor. Il fut bientôt achalandé; les gens de maison accoururent dans ses bureaux que fréquentait une clientèle de choix. A la fin de 1905, le *Genêt* comptait 5000 affiliés, et en 1906 il ouvrait deux bureaux à Paris, rue Féron et avenue Percier.

Un journal professionnel, *Le Serviteur*, unit tous les adhérents dans une communauté étroite d'idées.

Les Jaunes ouvraient également des cours professionnels, une hôtellerie à bon marché, une société de secours mutuels et une caisse de retraites à l'usage des gens de maison.

*
* *

Cependant les Jaunes avaient des vues plus générales. On put s'en rendre un compte exact à l'occasion du Congrès qui se tint les 18, 19 et 20 novembre 1904 dans la salle des Agriculteurs de la rue d'Athènes, que les fédérés qualifièrent, un peu pompeusement, d'États généraux ouvriers.

Aux termes des règlements élaborés, le Congrès comprenait : 1° les syndicats ouvriers légalement constitués, et non adhérents à une bourse officielle ou à la C. G. T. ; 2° les fédérations de syndicats ouvriers avec les mêmes réserves ; 3° tous les Français adhérents individuels délégués par une section de Jaunes composée d'au moins dix membres ; 4° les cercles d'études ; 5° les coopératives de production et de consommation.

En fait, il groupait : 8 bourses libres, 20 fédérations ou unions de syndicats, 204 syndicats ouvriers, 7 syndicats patronaux, 2 cercles d'études et d'action sociale, 28 groupes de travailleurs jaunes; au total 322 000 travailleurs, en défalquant les éléments patronaux. On y rencontrait les délégués des sociétés du Nord, des chambres patronales et agricoles, des sociétés de placement gratuit, des corporations jaunes.

Le programme adopté par le Comité d'organisation se rapprochait sensiblement de celui que les Jaunes avaient fait figurer au frontispice de leur journal. Quatre commissions reçurent mission d'examiner et de discuter les rapports préparés, et de soumettre des conclusions aux assemblés plénières.

Biétry prononça le discours d'inauguration. « Il faut, dit-il, que les Jaunes deviennent des travailleurs actifs, après avoir été simplement des *négateurs* de grève et de révolution. Nous sommes des anti-socialistes avant tout, parce que le socialisme est une doctrine de mort; nous ne devons pas imiter les socialistes. Ce Congrès doit être considéré par vous comme une étape, une mobilisation préparatoire.

Cette mobilisation consista à répudier les doctrines socialistes, malgré l'opposition des syndicats du Nord, « parce que rendant impossible la conquête de la propriété individuelle », et à reconnaître la nécessité pour les Jaunes de s'organiser pour soutenir les candidats aux élections susceptibles de défendre leurs théories.

La première commission se prononça contre le syndicalisme officiel « qui a fait faillite à ses promesses » et les Rouges « qui veulent tout détruire ». Elle rejeta les syndicats mixtes comme ne pouvant donner les garanties nécessaires « à la dignité et aux intérêts des ouvriers ».

Le Congrès émit un vœu en faveur du repos dominical, repoussa la grève générale, et, en ce qui concerne la grève corporative, la subordonna à l'échec de toutes tentatives de conciliation possibles. Ainsi envisagée, la grève ne devait plus, de l'avis des Jaunes, constituer une rupture du contrat de travail, mais seulement une suspension de celui-ci. La loi pour l'apprentissage fut prise à partie par les congressistes, qui la jugèrent funeste aux travailleurs, parce qu'elle rendait impossible l'instruction professionnelle de l'ouvrier, et le placement des jeunes gens. Il sembla aussi au Congrès qu'il n'y avait pas lieu d'étendre les écoles professionnelles, l'apprenti ayant tout avantage à travailler dans un atelier commun.

Les assises de 1904 réclamèrent que les Syndicats jaunes fussent consultés par les pouvoirs publics au même titre que les Syndicats rouges; elles revendiquèrent une modification de la loi régissant les inscrits, et la fixation de la journée du travail des limonadiers à dix heures au maximum. Elles rédigèrent des vœux en faveur de la création de tribunaux spéciaux, chargés de prononcer sur les maladies et accidents du travail, et de la protection de l'enfance ouvrière. L'assemblée se prononça énergiquement contre toute convention internationale accordant aux étrangers le même bénéfice qu'à nos nationaux en matière de retraites ouvrières.

Dans un domaine tout différent, le Congrès nomma une commission pour la création d'un fonds social du travail qui serait établi par la constitution d'associations mutuelles de crédit et d'épargne formées par les adhérents aux syndicats professionnels. Il décida de faciliter et encourager les coopératives de production et de consommation, sans, toutefois, porter préjudice au petit commerce. Il exprima le désir de voir les coopératives rentrer dans le droit commun, et être soumises à la patente.

M. Laroche-Joubert, le grand industriel d'Angoulême, avait adjuré les patrons d'écouter les ouvriers, les ouvriers de converser avec leurs employeurs, les uns et les autres d'oublier d'injustes défiances; M. Japy avait, de son côté, avec son autorité d'usinier, soutenu la théorie de Montesquieu, d'après laquelle l'ouvrier ne peut être fixé au sol que par la propriété. Fidèle aux principes jaunes, le Congrès vota les conclusions de sa commission relatives à la participation aux bénéfices, et adopta la thèse de M. Japy sur le sursalaire et l'emploi des bénéfices attribués aux ouvriers à l'achat de parts ou d'actions des usines.

Enfin, fut mise sur le tapis la question des Chambres de capacité, sur laquelle nous insisterons ultérieurement.

Les décisions du Congrès furent suivies d'un remaniement des statuts de la Fédération nationale. Ceux-ci furent élargis, et le programme social de l'organisation précisé.

∴

Entre temps la Fédération des Jaunes n'avait cessé de s'intéresser aux conflits survenus entre le capital et le travail. Elle intervenait pratiquement dans les mouvements des arsenaux, des inscrits et dockers de Marseille, des mines et de la métallurgie de Montluçon, Longwy, la Meurthe-et-Moselle, des tissages de Laval, du Nord et du Pas-de-Calais, les grèves de Paris, Caen, le Havre, Alais, Nice, Évreux, Nantes, Lyon, Belfort, Boulogne-sur-Seine, Ajaccio, etc.

En 1906, au moment où s'ouvrit son deuxième Congrès, elle comptait, assurent ses dirigeants, 200 000 travailleurs. Les assises de 1906 réunirent 9 bourses, 18 fédérations ou unions, 396 syndicats ouvriers, 27 syndicats agricoles, 41 syndicats patronaux, 16 groupes et comités jaunes, 3 coopératives, 4 journaux, 19 sociétés mutuelles, 11 associations de placement gratuit; 135 délégués participèrent aux débats; l'un d'eux, Deguesselle, représentait à lui seul les 106 syndicats de la Fédération de Tourcoing.

Le Congrès entendit un remarquable rapport

de M. de Bellaigue, un ami des Jaunes de la première heure, sur le capital. M. de Bellaigue le définit le « surtravail ». « Le capital, expliquait-il, est un élément de production d'un nouveau capital, mais il n'en est pas le seul. » Il a besoin, pour produire, de la main-d'œuvre. L'orateur préconisait donc « le travail associé ». Il se montrait, en conséquence, opposé à la « participation aux bénéfices ». Dans cet esprit, il fit adopter un vœu, tendant au remaniement de la loi sur les sociétés. Cette loi devrait être modifiée de façon à réserver une portion du capital social à la souscription des ouvriers; les parts ou actions devraient pouvoir être libérées, si l'ouvrier en manifestait le désir, au moyen de retenues sur les salaires.

Le Congrès demanda que cette législation fut imposée à toute société ou entreprise à monopole. Il réclama l'octroi de la capacité civile aux syndicats, la convocation d'une conférence internationale pour la réduction des heures de travail, bien qu'il fut opposé à la journée absolue de huit heures. Il renouvela le vœu du Congrès de 1904 concernant les accidents de travail et la création de tribunaux spéciaux. Il préconisa l'institution de commissions professionnelles d'arbitrage locales.

Le Congrès de 1907 devait poursuivre ce programme de réalisations pratiques. Aux vœux précédents, il en adjoignit de nouveaux, revendiquant l'extension aux gens de maison — qui eurent toujours toutes les sollicitudes des Jaunes — de la loi des accidents du travail, et du repos hebdomadaire, sous forme d'une demi-journée de congé; il se préoccupa des cheminots en proposant de modifier la composition du Comité consultatif des chemins de fer, où il voulait voir entrer des membres élus par les Chambres de commerce, les Chambres d'agriculture et le personnel des réseaux.

Précisant leurs vues touchant les retraites, les Jaunes voulaient les voir fondées sur l'obligation et que cette obligation fut commune à tous les citoyens « de même que le service militaire ». Ils désiraient également que les fonds destinés aux retraites fussent administrés non par l'État, dont ils suspectèrent toujours la tutelle, mais par des caisses nationales *autonomes*.

Dans leur organisation intérieure ils apportaient de nouveaux remaniements : projetant la création de fédérations régionales, au nombre de 20, de comités d'études composés de travailleurs intellectuels, de patrons et d'ouvriers, d'une maison des Jaunes, de bibliothèques populaires, d'une jeunesse syndicaliste jaune, destinée à faire contrepoids à la nouvelle génération prolétarienne révolutionnaire.

Le Congrès du 11 avril 1907 comprenait 852 organisations représentant 375000 adhérents, 37 fédérations ou unions de syndicats, 439 syndicats ouvriers, 76 syndicats agricoles, 41 syndicats patronaux, 53 groupes, comités et cercles de Jaunes, 148 coopératives ou sociétés en participation, 12 journaux, 2 députés jaunes.

La bataille semblait donc gagnée pour les Jaunes.

Deux des leurs, MM. Biétry et Dupourqué étaient entrés, avec leur étiquette, au Palais-Bourbon. Ce succès précipita, au contraire, les événements. M. Biétry n'osait prendre une part très active aux travaux parlementaires, de crainte de mêler la politique au mouvement syndical, et, pourtant, on accusait la Fédération de n'avoir d'autre objet que de servir de tremplin à des ambitions politiques. Une scission entre les deux éléments, syndicaliste et politique, était nécessaire. Elle fut consommée le 23 mai 1908. M. Poizat en a longuement exposé le caractère dans le journal *Le Jaune*.

« Nous fûmes amenés à constater que, d'un côté, le syndicalisme ne serait viable qu'à la condition d'en exclure la politique, et que, d'autre part, le monde ouvrier syndicaliste avait besoin, hors des syndicats, d'une doctrine politique et sociale étroitement liée à la politique générale des autres classes. Nous ne pouvions sortir de ce dilemme et de cette équivoque que par la séparation totale et le dédoublement. Le syndicalisme est une chose, la politique ouvrière et nationale en est une autre. Le syndicalisme, maintenant adulte, peut se passer de nous. Il vivra de sa vie propre, et se constituera son organisme à lui, avec ses comités, tous composés d'ouvriers et de travailleurs. »

Ainsi fut institué le Parti propriétiste ou antiétatiste, « visant la conquête du pouvoir par ses membres », ayant pour objet l'accession du plus grand nombre possible à la propriété et la limitation du rôle de l'État.

Dans le manifeste publié à l'occasion de cette

scission, il était dit que le mouvement social propriétiste serait totalement indépendant des organisations économiques, qu'il absorberait les ligues, groupes, comités, cercles d'études, tandis que le mouvement syndicaliste recevrait sa complète autonomie en se réservant la partie économique professionnelle, corporative et coopérative de la Fédération nationale des Jaunes de France.

La Fédération nationale fondée en 1904 avait vécu. Ce fut la Fédération syndicale des Jaunes de France qui organisa le congrès de 1909, tenu à la salle du *Géant*.

La nouvelle fédération avait rencontré, à ses débuts, de sérieuses difficultés financières. Le rapport de M. Hacot, secrétaire général, au Congrès ne le laissa pas ignorer aux fidèles protagonistes du mouvement.

Le Congrès, en vérité, fut le prolongement des assises de 1904, 1906, 1907. Il soutint intégralement le programme naguère élaboré par Biétry. C'est dans cet esprit qu'il examina le problème de la création des Chambres de capacité autrefois préconisées par M. Japy, qu'il demanda aux organisations professionnelles et régionalistes d'étudier la division de la France par régions et métiers, qu'il proposa la fondation d'une société anonyme, à capital variable, pour la mise en pratique du système jaune, qu'il voulut voir étendre aux compagnies secondaires d'intérêt général les lois de retraites applicables seulement aux agents des grands réseaux ; il revendiquait l'établissement obligatoire, dans tous les centres ouvriers, de conseils consultatifs du travail, composés de patrons et d'ouvriers, par part égale, lesquels interviendraient dans la fixation des tarifs, lorsque l'accord entre salariés et employeurs serait impossible. Le Congrès de 1909 n'oublia pas les gens de maison. Il émit le vœu que la prud'homie leur fut applicable. Il se préoccupa de la protection du travail féminin. Au nom des employés de commerce, il revendiqua la fermeture des magasins à sept heures et le repos dominical collectif obligatoire, en même temps qu'un salaire minimum de 100 francs par mois pour Paris. Pour tous les travailleurs, il se fit le défenseur de la journée de dix heures et l'apôtre de la semaine anglaise. Enfin, pour remédier au chômage, il voulait enlever aux soldats les travaux de fournitures militaires.

Si le mot avait été modifié, il est évident que la chose n'avait guère varié. La Fédération syndicaliste des Jaunes de France demeure, amputée de quelques militants qui se sont lancés dans l'arène politique, le pivot du mouvement indépendant, lequel veut, à la lutte de classes, substituer l'harmonie des volontés, à la théorie collectiviste la doctrine de l'accession de l'ouvrier à la propriété, rapproche patrons et ouvriers et subordonne l'État, aujourd'hui tout-puissant, à l'ouvrier actuellement annihilé par lui.

IV

ORGANISATION FÉDÉRALE ET SYNDICALE

Les statuts de la Fédération des Jaunes comprennent 29 articles. Le premier caractérise l'universalité de l'organisme.

« ARTICLE 1er. — Il est formé entre tous les Français qui adhèrent aux présents statuts un groupement, national, professionnel et social, qui prend le nom de Fédération nationale des Jaunes de France. Chacun, sans distinction de classe, de religion ou d'opinion politique, peut adhérer aux Jaunes. » On remarquera que cet article ouvre l'association à tous les travailleurs. Il n'a nullement le caractère limitatif de l'article 2 des statuts de la C. G. T. Celle-ci exige que les ouvriers soient affiliés à une Bourse de travail et à une Fédération de métiers ou à une

Union de syndicats. Les Jaunes ne mettent point tant de restrictions à l'affiliation de leurs camarades.

L'article 3 complète, d'ailleurs, l'article premier. Il est ainsi rédigé :

« Art. 3. — Peuvent adhérer à la *Fédération nationale des Jaunes de France* :

« Les syndicats ouvriers, les syndicats patronaux, les syndicats d'agriculteurs et d'ouvriers agricoles, les fédérations de métiers, cercles d'études, groupes de « Jaunes », et en général toutes les corporations ou *individualités* qui, ayant accepté les présents statuts et s'y conformant, auront été admis dans la *Fédération*, conformément à l'article 4. »

L'article 4 règle les conditions d'admission.

« Art. 4. — Pour être admis dans la fédération, les groupements et syndicats doivent adresser au président, à Paris : 1° une demande autographe de leur président ou secrétaire autorisé; 2° un exemplaire de leurs statuts; 3° une statistique de leurs affiliés.

« Il sera statué chaque mois sur ces demandes, par le Comité national, réuni en Assemblée plénière.

« Sont adhérents de droit à la *Fédération nationale des Jaunes de France* tous travailleurs ou Français appartenant à un groupe ou syndicat affilié lui-même. »

L'article 5 fixe les cotisations. Celles-ci sont de 2 francs par an pour les adhérents individuels; le droit d'admission et la cotisation pour la première année sont de 3 francs.

Les droits d'admission, de réadmission et les cotisations annuelles sont payables d'avance. Toute somme versée demeure acquise à la Fédération.

Lorsqu'il s'agit de groupements collectifs, la cotisation mensuelle est fixée à 0 fr. 10 par membre jusqu'à 500, à 0 fr. 08 de 500 à 1 000, et à 0 fr. 05 au-dessus de 1 500 adhérents.

Ces chiffres s'appliquent aux syndicats d'ouvriers et agricoles. Les syndicats patronaux versent, eux, 0 fr. 50 par membre et par mois.

Quant aux droits d'admission, ils sont établis d'après l'échelle suivante :

1° Syndicats d'ouvriers, d'employés, de marins et d'ouvriers agricoles :

	Francs.
Au-dessous de 500 membres	10
Au-dessus de 500 — et jusqu'à 1500	20
De 1500 jusqu'à 10000	40

2° Syndicats patronaux :

	Francs.
Au-dessous de 10 membres	10
De 10 à 20 membres	20
De 20 à 50 —	50
De 50 à 100 et au-dessus	100

3° Syndicats d'agriculteurs :

	Francs.
Au-dessous de 25 membres	20
De 25 à 50 membres	35
De 50 à 100 — et au-dessus	60

L'article 6 a trait à l'encaissement des fonds, qui doivent être versés, chaque mois, entre les mains du trésorier général par les adhérents individuels ou les trésoriers de syndicats.

Deux cas d'exclusions ont été prévus par les statuts : le non-paiement des cotisations d'abord, le fait, ensuite, d'avoir « causé un préjudice quelconque à la Fédération ». « Le but de la Fédération étant de procurer à tous les Français adhérents des moyens pour l'amélioration économique et sociale de leur sort, des organisations de défense et d'action sociale, sera donc exclu celui qui sera convaincu de l'avoir compromise ou tenté de l'engager sur des terrains purement politiques ou religieux; celui qui, par conférences, par la voix de la presse, ou tout écrit rendu public, aura porté atteinte à la juste considération dont jouit la Fédération nationale des Jaunes de France » (article 6).

Les difficultés que les Jaunes eurent à traverser expliquent le caractère impératif de cette proposition.

Les articles suivants traitent des groupements régionaux agrégés à la Fédération :

« ARTICLE 8. — La Fédération nationale des Jaunes de France est divisée en régions qui englobent, sous le contrôle du Comité national et la loi des statuts fédéraux, confirmés par les Congrès nationaux, tous les syndicats, groupements divers et unités, affiliés à la Fédération.

« ART. 9 — Chaque groupement fédéré nomme son Bureau, conformément aux lois.

« Les nominations sont définitives après l'accusé de réception du Comité national.

« Le Comité national s'inspire, pour la validation des élections partielles, des renseignements généraux donnés par les comités régionaux et les présidents des fédérations de métiers similaires. Ces dispositions sont prises afin d'assurer dans tous les rouages de la Fédération nationale la pensée des Congrès et l'application de ses décisions. Dans le cas où un conflit s'élèverait entre un groupe affilié et le Comité national, ce dernier aura le droit de convoquer l'Assemblée générale du groupe divisé.

« Art. 10. — Dans chacune des capitales régionales siège un Comité régional composé de 25 membres, dont 7 membres désignés par le Comité national. »

Les Jaunes, nous le verrons, sont les partisans d'une large décentralisation. Ils appliquent cette conception dans leur propre sein, à l'inverse de la C. G. T. qui fait tout converger vers elle, tout en donnant à ses adhérents l'illusion de la liberté.

Les comités régionaux se réunissent tous les mois, pour discuter les rapports de leurs organisations, et appliquer les décisions du Comité national « conformément aux indications données par les congrès ». Les comités régionaux ne se contentent donc pas d'être les serviteurs du Comité national. Ils ont une plus haute mission, celle d'approprier les décisions aux nécessités locales.

Le Comité national, aux termes de l'article 12, comprend 32 membres, dont 18 ouvriers et employés, et 14 patrons, agriculteurs et personnalités appartenant aux professions libérales.

Le comité se renouvelle par tiers tous les ans. Les membres en sont nommés pour trois ans, et rééligibles (article 13).

Le Comité national nomme lui-même un bureau de 15 membres, ou comité exécutif, composé de patrons et d'ouvriers dans les proportions de l'ensemble du Comité national (article 14).

Le président, les secrétaires, les trésoriers et l'archiviste sont appointés; leur traitement est fixé par les congrès sur un rapport du Comité national (article 17).

Quelles sont les attributions du Comité national? Il fixe la date des congrès, et le lieu des assises. Il organise ces congrès d'accord avec le comité régional s'il y a lieu Chaque mois, d'autre part, il fixe les sommes destinées à la propagande, statue sur les dépenses engagées par le bureau, choisit les conférenciers, détermine les indemnités de déplacement des militants (article 17).

Il a également la haute mission de faire rendre justice aux patrons ou ouvriers victimes de manœuvres dolosives (article 29), et d'essayer d'empêcher la grève (article 28).

Le bureau administre la Fédération, la représente en toutes circonstances, prend les décisions urgentes, dirige la publicité et la propagande, assure tous rapports avec les pouvoirs publics et les particuliers (article 15).

Les articles 18 et 19 sont d'ordre purement administratif. Ceux portant les numéros 20, 21, 22, 23, 24 et 25 traitent des congrès.

Ces derniers examinent la situation financière et nomment une commission de vérification. Ils fixent souverainement les cotisations et modifient les statuts, à la majorité des deux tiers (article 21).

En vertu de la décentralisation chère aux Jaunes, 50 organisations d'au moins 500 membres chacune peuvent provoquer un Congrès national extraordinaire; même faculté est reconnue à 9 comités régionaux.

D'après l'article 23, les congrès sont composés

des délégués des syndicats d'ouvriers, d'employés, d'agriculteurs et d'ouvriers agricoles, de patrons, de marins, et, en résumé, de toutes les organisations économiques régulièrement affiliées.

Les pouvoirs des délégués sont ainsi déterminés :

1° Syndicats d'ouvriers, d'employés et agricoles :

			Voix.
Par syndicat	comprenant	100 membres et au-dessous.	1
—	—	101 à 200 membres. . . .	2
—	—	301 à 600 —	4
—	—	601 à 1 000 —	6
—	—	1 001 et au-dessus	10

2° Syndicats patronaux :

	Voix.
Par 10 membres et au-dessous.	1
De 10 à 20 membres.	2
De 20 à 50 —	3
De 50 à 100 et au-dessus	4

3° Syndicats d'agriculteurs :

	Voix.
Par 10 membres et au-dessous	1
De 10 à 20 membres.	2
De 20 à 50 —	3
De 50 à 100 et au-dessus	4

Les adhérents individuels peuvent prendre part aux votes, mais à la condition de représenter au moins 10 autres adhérents dont ils soient régulièrement mandatés. Enfin, l'article 24 règle le programme des travaux du Congrès :

« Le Congrès tiendra ses assises pendant cinq jours au moins.

« Le Comité national, assisté du bureau des comités directeurs régionaux, vérifiera le premier jour les pouvoirs et délégations.

« Les deux jours qui suivront seront consacrés aux travaux isolés les uns des autres :

« 1° Des syndicats ouvriers professionnels;

« 2° Des syndicats patronaux;

« 3° Des syndicats agricoles;

« 4° Des syndicats de marins;

« 5° De toute corporation ou métier ayant des intérêts distincts;

« 6° Des délégués adhérents individuels.

« Des séances pourront être organisées d'un commun accord entre syndicats ouvriers et syndicats patronaux de mêmes industries et métiers.

« Les quatrième et cinquième jours, le Congrès, réuni en séances plénières, entendra les rapports de chacune de ces sections et statuera. »

L'article 27 détermine que la Fédération s'efforcera de diminuer le chômage, qu'elle se mettra en rapport avec les fédérations et corporations étrangères dans le but d'être utile aux travailleurs, et s'efforcera de faire égaliser les conditions de travail de façon que les travailleurs trouvent un avantage réel dans des accords nationaux et internationaux.

« La Fédération devra s'occuper de toutes les questions relatives aux traités de commerce, aux droits de douane, aux tarifs de transports. Elle devra s'intéresser aux travaux publics, et, lorsque de vrais travaux publics seront reconnus, par son Congrès, utiles aux intérêts de la nation, elle devra, par des publications, des conférences, des pétitions, amener les pouvoirs publics à s'occuper de ces graves questions qui sont délaissées en ce moment par les politiciens. »

∴

Les *Syndicats jaunes* sont constitués, comme les Syndicats rouges, conformément à la loi du 21 mars 1884 (article 1er des statuts).

Pour en faire partie, il faut être présenté par deux syndiqués, et justifier de sa qualité d'ouvrier.

La cotisation mensuelle que doivent verser tous les adhérents est, d'ordinaire, assez minime. Elle ne doit pas dépasser en principe 0 fr. 50 pour n'éloigner personne.

Le conseil syndical, qui dirige le Syndicat sous le titre de bureau permanent, peut rejeter toute demande d'admission sans être tenu d'en indiquer le motif.

Comme il importe que les cotisations soient payées régulièrement — il y va de la vitalité du groupement — le bureau peut prononcer la radiation pour non versement de cotisations, et même dans d'autres cas, mais l'intéressé peut en appeler à la commission de contrôle qui fait un rapport à l'assemblée générale, laquelle statue définitivement (article 5).

Le Syndicat du Creusot, en son article 5, donne à l'assemblée générale pleins pouvoirs pour exclure les membres qui « auront porté atteinte à la dignité de leur profession, ceux qui, dans l'usine et hors l'usine, auront manqué gravement au devoir de bonne camaraderie à l'égard du personnel des usines ». On ne saurait manquer de souligner ces lignes, qui marquent la volonté des Syndicats jaunes de maintenir la paix et l'union dans les entreprises.

Au point de vue administratif, le Syndicat est administré par un conseil élu pour trois ans en assemblée générale; ce conseil choisit dans son sein un président — ce que ne font pas les Rouges — un secrétaire et un trésorier.

Les assemblées générales ont lieu tous les semestres, ou extraordinairement sur convocation du conseil.

Pour être valables les décisions concernant les modifications aux statuts doivent être adoptées par des assemblées comprenant au moins les deux tiers des adhérents (article 9).

Les Syndicats jaunes édictent, également, des prescriptions professionnelles. Ainsi tout syndiqué doit « s'intéresser et veiller à l'hygiène de l'atelier et à l'application des lois ouvrières » (article 10).

Ils s'interdisent toute discussion politique ou religieuse. Enfin, tout syndiqué peut démissionner en payant ses cotisations jusques et y compris le mois de sa démission. Les sommes versées par lui sont acquises à la caisse sociale.

L'objet du Syndicat jaune est inscrit en frontispice de ses statuts. L'article 2 des statuts-types rédigés par la Fédération dit expressément :

« Le Syndicat a pour but : de faire tout ce qui est en son pouvoir pour procurer du travail à ses membres, de resserrer les liens de bonne confraternité de la corporation, de venir en aide matériellement et par ses conseils à ses membres, et de défendre leurs intérêts corporatifs. »

Quelques syndicats, comme celui du Creusot, ont jugé devoir préciser cette formule. Les statuts de cette organisation déterminent, en effet, que la société a pour objet :

1° De protéger les intérêts de ses membres et de leurs familles;

2° De contribuer à améliorer *légalement* leur condition économique et sociale;

3° D'établir et de maintenir avec les chefs des usines des rapports de dignité, de discipline et de respect;

4° D'établir et de maintenir entre tous les membres du personnel des usines, sans distinction, des rapports de bonne camaraderie;

5° De centraliser les demandes et réclamations des membres du Syndicat, de les étudier et de les transmettre, avec avis motivé et en les appuyant, si elles sont justes;

6° D'organiser un bureau de renseignements et de consultations dans l'intérêt de ses membres;

7° De secourir, en cas de maladies, les membres nécessiteux;

8° D'accorder, en cas de besoin, à la suite du décès d'un membre, des secours proportionnés à la fois aux ressources du Syndicat et aux besoins de la veuve et des orphelins;

9° D'étudier les œuvres d'assistance et de prévoyance, susceptibles d'améliorer la situation des membres et de leur famille;

10° De se préoccuper du placement des membres qui, pour une cause quelconque, pourvu qu'elle n'entache pas l'honneur, quitteraient le Creusot;

11° D'étudier de concert avec les autres syndicats ouvriers des usines du Creusot les questions intéressant l'ensemble des usines;

12° D'organiser des fêtes, conférences, etc. (article 1er).

On voit, par cette longue citation, l'intérêt que les Syndicats jaunes attachent aux œuvres de mutualité, dédaignées de la plupart des Syndicats rouges. Les uns, en effet, tendent à l'unité dans l'atelier, à l'harmonie des efforts, à la réalisation d'améliorations pratiques; les autres, au contraire, sont institués, avant tout, pour le combat, *la lutte de classes*. Ils n'ont que faire d'œuvres de paix, qui seraient pour eux comme un boulet, aux heures de crises, et absorberaient une partie de leur temps et de leurs énergies.

Ainsi les Syndicats jaunes sont vraiment des organismes d'action, agissants, et vivants, mais professant des doctrines diamétralement opposées à celles de la Confédération générale du Travail.

V

LES JAUNES ET LA POLITIQUE

Le Syndicalisme jaune s'est formé, comme le Syndicalisme rouge, d'ailleurs, pour réagir contre l'intrusion de la politique dans le domaine corporatif. Mais tandis que le confédéralisme se bornait à « ignorer » le Parlement et ses partis, le mouvement jaune se posa, dès son début, en opposition avec le socialisme, « danger suprême » pour l'avenir de la société, « microbe malfaisant », né d'une doctrine qui « ne contient pas davantage l'avenir que le présent, et ne crée pas, mais désagrège ». Les Jaunes prétendaient éliminer la politique du mouvement ouvrier. Ils durent aux circonstances de suivre eux-mêmes une politique, et de dévier de la route qu'ils s'étaient tracée. Poizat a écrit quelque part : « Il n'est pas douteux que les Jaunes seront amenés à faire de la politique. Le socialisme a un programme, nous en avons un autre, qui est juste le contraire ». Les Jaunes avaient, il faut l'avouer, devancé cette formule.

Lorsqu'on prétend réformer la société sans à-coups, sans révolution sanglante, on est contraint, par la force naturelle des choses, d'exercer une action sur les législateurs, de jouer un rôle au moment des élections, de donner l'assaut aux partis qui prêchent la violence ou la pratiquent.

Or, le socialisme a toujours tendu à exaspérer les appétits, à surexciter les passions. Les Jaunes ne pouvaient, normalement, ne pas lui déclarer la guerre.

Ils ont attaqué le parti dont ils étaient issus avec une fougue qui rappelle celle des révolutionnaires. « Le socialisme, ont-ils proclamé, exerce sur la classe bourgeoise un véritable chantage. Ses tendances dans le domaine économique sont meurtrières. Au point de vue social, il aboutit à réduire l'être humain à l'esclavage, après avoir déchaîné l'anarchie dans la société. L'ouvrier, par lui, sera conduit à la suprême abdication, car, au fond, le socialisme veut créer un monopole à son profit par l'accaparement total des moyens de production et d'échange. C'est une bête empoisonnée, et il faut désinfecter les cités qu'elle occupa. »

J'ai cité ces lignes, qui contiennent l'essence des accusations portées par les Jaunes contre les socialistes, pour montrer que ces réformateurs pacifiques ne dédaignent pas la violence dans le langage, et affichent aussi hautement leurs convictions que leurs adversaires. Ce sont, en matière politique, des polémistes. Écoutez encore M. Japy : « Le programme jaune c'est lumière, justice, vérité, progrès, le programme socialiste c'est la nuit, le charlatanisme, la duperie, le recul ». Tel autre écrit : « Les socialistes prêchent la haine et le désordre, et sèment la misère et le désespoir ».

On peut donc dire que les Jaunes constituent, en fait, un parti politique, un parti anti-socialiste. Je pense qu'il n'est pas téméraire de supposer que ces syndicalistes ont éprouvé les mêmes sentiments que ces frères, naguère si unis, et qu'une crise a séparés. Leur haine réciproque est d'autant plus vive qu'ils ont, dans le passé, professé l'un pour l'autre un immense amour. Ce sont là des phénomènes que la psychologie explique, et sur lesquels je n'insisterai pas.

Politiciens, parce qu'ils ne pouvaient pas ne pas l'être, ils ont dû envisager, dans leurs divers congrès, le rôle qu'ils seraient tenus de jouer lors des élections. Les syndicalistes Rouges laissaient leurs camarades voter à leur gré ou s'abstenir; les Jaunes, dès 1904, posaient la nécessité pour les membres du parti de n'accorder leurs voix qu'aux candidats promettant d'inscrire dans leur programme les revendications jaunes. Par là, ils dépassaient de beaucoup le syndicalisme, et rendaient indispensable cet aveu du 13 mai 1908 : « Le syndicalisme n'est pas la fin unique de l'action des Jaunes ».

En outre, les Jaunes en sont venus à réclamer une réforme, qui n'a aucun caractère professionnel. Ils ont, en effet, demandé que la responsabilité et l'autorité du pouvoir exécutif fussent accrus. Ce n'est pas, cependant, dans le but d'obtenir une centralisation plus outrancière que celle qui nous régit, et dont la France se mourrait, si elle n'avait une vitalité merveilleuse.

Les amis de Biétry sont, au contraire, des partisans convaincus de la décentralisation.

Ils sont, également, et fermement les adversaires de l'étatisme « Le moins possible à l'État », telle est leur devise. Et ils fondent leur opinion sur ce que l'État prive la Société de toutes les initiatives, qu'il paralyse. Ils voudraient que cet État fut réduit à un droit de contrôle; qu'il régit l'armée, la marine, la justice, les affaires étrangères, mais qu'il laissât aux travailleurs la libre disposition de toutes leurs énergies. L'État étend les domaines du favoritisme; il annihile les valeurs, pour faire triompher les médiocrités. Il est, pour ces raisons, l'ennemi du progrès. Nous savons que le Syndicalisme rouge ne se montre pas moins contempteur de la doctrine étatiste. Ainsi ces deux partis si opposés se rejoignent sur ce point particulier. Tous deux sont d'accord pour accuser l'État d'avoir déprimé la jeunesse, de l'avoir rendue incapable de vigueur et d'effort, de lui avoir imposé pour horizon unique « le rond de cuir officiel ».

Un régime de libertés favoriserait, par contre, le développement des qualités françaises demeurées latentes. Il mettrait en évidence des hommes nouveaux, dont les seules capacités seraient les appuis.

Les Jaunes sont donc, si ce mot n'avait été détourné de son sens propre, et ne servait à désigner des négateurs de société, des libertaires. Ils revendiquent la liberté d'enseignement et la séparation des écoles et de l'État, et la liberté de conscience absolue, laquelle est jugée par eux sacrée, au regard de l'athéisme que les pouvoirs tendent à imposer aux générations nouvelles.

S'abritant derrière les grands principes de 1789, et la Déclaration des Droits de l'homme et du citoyen, ils veulent l'homme libre dans la société libre.

*
* *

Mais ils ne sont antimilitaristes et antipatriotes. Ils entendent « garder notre patrimoine de famille, notre héritage de gloire, nos traditions, nos mœurs, notre langue et pensent qu'il manquerait quelque chose au monde si la France disparaissait ». (Poizat.) Ils conservent le culte de l'idée de patrie, comme ils gardent la foi dans un idéal divin. Leur conception s'oppose à l'Internationalisme, ce qui ne les empêche pas de tendre la main par-dessus les frontières à tous les ouvriers indépendants qui poursuivent la réalisation de leurs conceptions.

De même, pour être pacifiques, ils ne sont pas *pacifistes*. Ils veulent être respectés chez eux, dans leur patrie. Ils n'ont pas l'idée d'attaquer autrui, mais ils veulent pouvoir se défendre. Ils ne jugent pas à propos de se livrer pieds et poings liés à l'étranger. En conséquence, ils estiment que le pays doit disposer d'une armée forte et disciplinée, susceptible de protéger le sol auquel ils attachent tant de prix. Ils ont le culte de l'armée qu'ils considèrent comme la pierre angulaire des sociétés civilisées.

VI

LES JAUNES SUR LE TERRAIN PROFESSIONNEL
LA GRÈVE ET L'ARBITRAGE

L'homme, disent les Jaunes, doit être libre de travailler. Comme représentant de l'ordre, l'État a le devoir de lui assurer la faculté d'accomplir la tâche qui le fait vivre.

Mais il doit avoir, également, la liberté de s'associer pour défendre ses intérêts professionnels, pourvu qu'il ne cherche pas à nuire à la société à laquelle il appartient, et vis-à-vis de laquelle il a des devoirs que nient les révolutionnaires. Dans ces limites, il doit pouvoir, par une alliance commune, améliorer de plus en plus son sort et sa vie. Pour atteindre à ce résultat, les syndicats qu'il constitue doivent jouir du droit commun. La loi de 1884 doit être modifiée à leur endroit. Ils doivent obtenir la capacité civile et le droit de propriété. M. Czulowski a dit, très justement selon nous :

« Des hommes ne s'associent que s'ils peuvent réunir en même temps leurs efforts et leurs richesses, pour tâcher de les augmenter. Si le syndicat ouvrier avait eu la possibilité de constituer un capital, les travailleurs auraient connu ainsi son utilité et la difficulté qu'il y a à le gérer. Ils auraient appris comment la propriété est la base de la résistance à toutes les oppressions. Ils auraient songé à augmenter cette force de résistance et l'instinct d'association se serait rapidement développé parmi eux. » En 1899, le Gouvernement a bien déposé sur le bureau de la Chambre un projet de loi portant que les syndicats pourraient acheter des actions des usines et arriver à participer à leur direction. Jamais ce projet ne fut soumis à la discussion.

Le syndicat propriétaire cesserait d'être un organisme de révolution et de bouleversements. Il constituerait l'*association individualiste*, ayant pour principe la *solidarité contractuelle*, dont parle en ces termes l'économiste belge Henri Lambert :

« Mis en œuvre dans les divers domaines de l'activité humaine, les principes de l'association individualiste, dérivant essentiellement et exclusivement du *contrat*, donneront partout naissance à des *sociétés*, dont la durée sera limitée, mais *dont les droits de posséder et de recevoir ne seront l'objet d'aucune limitation ni restriction, la seule condition imposée étant d'adopter le régime de la copropriété des biens. Celle-ci écartera toute « main morte » et fournira la garantie de liberté individuelle, l'avoir commun étant représenté par des parts ou actions nominatives possédées en propre par les associés*, qui pourront les aliéner en se conformant aux arrangements contractuels. »

Ainsi seront amenées à se développer les initiatives, l'autorité et la responsabilité individuelles; ainsi pourra-t-on adopter le contrat collectif du travail, les travailleurs ayant reçu une sérieuse éducation économique.

*
* *

L'article 25 des statuts de la Fédération des Jaunes s'exprime ainsi :

« Les Jaunes s'engagent à ne faire aucune grève sans avoir donné par écrit leurs revendications et avoir attendu la réponse quinze jours au moins. Par réciprocité, les patrons s'engagent à ne pas fermer les ateliers sans en avoir prévenu les ouvriers par écrit quinze jours à l'avance au moins.

« En cas de grève, les Jaunes ne doivent se livrer à aucune violence sur les patrons et les patrons s'engagent à ne renvoyer aucun ouvrier pour le fait de grève. »

Ainsi, quoi qu'on en ait dit, les Jaunes admettent le droit de grève. En 1904, M. Japy, un patron, le déclarait péremptoirement. M. Toutain, un autre patron, ajoutait : « C'est une arme que vous devez conserver à votre disposition. » Toutefois, ainsi que le proclamaient déjà les Jaunes du Creusot, le droit de grève doit être organisé. Il ne faut user de cette arme à double tranchant qu'après avoir pris certaines précautions, ou l'on risque fort de se blesser soi-même en la maniant.

L'article 41 des statuts du Syndicat du Creusot est ainsi rédigé : « Le syndicat fera tous ses [illegible]ts pour assurer une solution juste, raisonnable et amiable des questions qui lui seront soumises ou de celles qu'il croirait devoir soulever lui-même. Il ne proposera la grève qu'à la dernière extrémité et après avoir usé de tous les moyens de conciliation. La grève ne pourra être décidée que par l'assemblée générale votant au scrutin secret sur la proposition du conseil et à une majorité des deux tiers des membres actifs. Elle devra être déclarée, *dans l'intérêt de tous*, au moins quinze jours à l'avance afin de respecter la loi qui consacre l'usage de la dizaine. »

De la sorte sont rendus impossibles des mouvements inconsidérés, qui ruinent employeurs et employés.

Il convient de citer, à cet égard, un exemple caractéristique relevé par M. Warin. Les dentelliers de Calais gagnaient 8 à 15 francs par jour. Ils quittèrent le travail en adressant au patronat des revendications inacceptables. La grève se prolongea. Quand elle prit fin, Calais avait perdu la moitié de sa clientèle. Celle-ci n'est jamais revenue aux Calaisiens, et aujourd'hui, après plusieurs années, les salaires ouvriers sont inférieurs de 30 p. 100 à ce qu'ils étaient jadis.

Une pareille faute n'eût pas été commise par les Jaunes, qui songent plus volontiers à la paix qu'à la guerre. Cette façon de voir et de procéder évite bien des froissements, et permet de solutionner bien des conflits. Les Jaunes, fidèles à leurs principes, sont intervenus pécuniairement lorsqu'ils jugèrent les grèves indispensables. Le Nord, naguère, envoya des fonds à Montceau. On pourrait citer bien des exemples de cette assistance mutuelle chez les Jaunes.

Mais il ne suffit pas de prévenir la grève; il faut pouvoir l'arrêter rapidement si elle éclate, au besoin la faire disparaître. Les Jaunes préconisent donc l'*arbitrage*. Ils l'organisent dans l'article 26 de leurs statuts fédéraux ainsi rédigé :

« En cas de désaccord entre les ouvriers et les patrons, pendant la période de quinze jours établie ci-dessus, si les patrons ne peuvent tomber d'accord avec leurs ouvriers, le Comité régional nomme 2 de ses membres, 1 ouvrier et 1 patron qui, joints à 2 délégués des patrons et à 2 des ouvriers, établissent l'arbitrage; au cas où la commission ainsi nommée se partage, le Comité régional nomme aux deux tiers des voix un troisième arbitre. »

Un tel arbitrage n'est pas une innovation. Il existe dans certaines mines anglaises. Le Conseil arbitral comprend 24 délégués, 12 patrons et 12 ouvriers, lesquels choisissent un arbitre supérieur n'ayant aucun intérêt dans les mines, n'appartenant pas à la politique et n'occupant aucune fonction d'État. Ce système a donné les meilleurs résultats.

Qu'on ne prétende point, affirment les Jaunes, que les ouvriers se laisseront entraîner par les meneurs, ne tiendront aucun compte des statuts, et tourneront le dos au Conseil arbitral si celui-ci se prononce à leur tort. Les Jaunes, se faisant un devoir de respecter la loi, n'ont pas la mentalité confédérale. Ils s'inclineront devant tout jugement reposant sur une bonne foi indéniable.

Le syndicalisme bien compris, selon la doctrine jaune, offre de précieux avantages. Il faciliterait la lutte contre la spéculation, rétablirait l'équilibre dans le chômage, diminuerait la concurrence. En Angleterre, les usines électriques se sont syndiquées; elles ont cessé de se faire concurrence, ont pu relever leurs tarifs, et accroître le salaire de leurs ouvriers. Le chômage pourrait, d'autre part, être réduit au moyen d'informations répandues parmi les ouvriers sans travail. Ceux-ci, prévenus, se porteraient sur les points où la main-d'œuvre manque. Il en résulterait, en dernier ressort, un accroissement du taux des salaires là où il y a trop de personnel, et moins d'encombrement aussi, et une meilleure répartition des salaires là où les bras font défaut. C'est ce que les rédacteurs des statuts fédéraux ont voulu signifier en l'article 27 : « La Fédération s'efforcera dans chaque corporation de diminuer le chômage, de faire, par son action, reporter le travail dans les régions où il est en excès sur celles où il manque. »

VII

LES JAUNES ET LES MONOPOLES

Anti-étatistes, partisans de la liberté et de la propriété individuelles, apôtres de l'accession du travail au capital, les Jaunes sont, par définition, adversaires des monopoles. Comment, s'écrient-ils, voici que l'État, grâce au jeu de la retraite proportionnelle, jette, au bout de quinze ans, des hommes, dans toute la force de l'âge, sur le marché économique; ces hommes, nantis de rentes coquettes, peuvent accepter dans l'industrie des traitements médiocres, parce que leur retraite parfait la différence, et vous voudriez que nous admettions cette pratique qui provoque l'avilissement des salaires, et porte préjudice à tous les travailleurs, en étendant le chômage? A plus forte raison ne pouvons-nous tolérer que l'État monopolise certaines industries, car il multipliera ainsi le nombre des parasites contre lesquels l'ouvrier de l'industrie privée doit se débattre.

Les Jaunes observent, en outre, que l'État titulaire d'un monopole est une cause perpétuelle de maux économiques et sociaux. Des considérations étrangères au monopole décident, en effet, des questions de salaires, du choix du matériel et du personnel. L'État ne fait pas, puisqu'il exploite seul, concurrence à l'industrie privée, mais il porte préjudice à la collectivité. Par exemple, la monopolisation des tabacs a réduit l'exportation de no produits dans des proportions considérables. Le pauvre est frappé beaucoup plus que le riche par l'administration qui fixe le prix des marchandises.

Pour les allumettes, le privilège accordé à l'État est essentiellement anti-démocratique.

En cas de guerre, les industries d'État feraient courir de graves dangers au pays, spécialement le jour où les chemins de fer seront devenus propriété d'État. Une guerre malheureuse pourrait les faire tomber entre des mains étrangères. Il n'en serait pas ainsi si les réseaux demeuraient domaines privés. Il faudrait que le vainqueur — comme il arriva en 1871 — payât une indemnité de rachat aux possesseurs des lignes.

L'État industriel en arrive à commettre des illégalités. Ne le voit-on pas contrebandier? Un ancien ouvrier de la manufacture d'allumettes de Pantin a raconté, jadis, dans *Le Jaune*, que le gouvernement faisait venir des allumettes de Belgique parce que revenant à 5 p. 100 meilleur marché que la fabrication française, et les estampillait du timbre « Manufactures de l'État ».

L'État paie des employés, et cela se voit couramment, ceux-ci occupent, à côté de leurs fonctions, des postes de comptables, de représentants dans des affaires privées. Le manque de contrôle, dont les fonctionnaires abusent, a pour résultat de fermer les portes à beaucoup de prolétaires qui se refusent à accepter les salaires de famine que détermine l'envahissement des établissements par les agents de l'État.

Ces abus ont incité les Jaunes à préparer un projet de réglementation dont voici la teneur, d'après Biétry :

« Tout fonctionnaire retraité de l'État qui voudra prendre un emploi dans l'industrie, le commerce, l'agriculture, enfin un emploi rémunérateur, n'aura droit, comme retraité de l'État, qu'à *l'intérêt composé de la retenue qui lui a été faite sur son salaire, pendant toute sa carrière, pour lui constituer une retraite. Exemple* : Un fonctionnaire, pendant toute sa carrière, aura laissé, comme retenue sur son salaire, supposons, avec les intérêts composés, 5 000 francs. *L'État lui servira la rente de ce capital aliéné*, soit, à 6 p. 100, 300 francs par an ; le jour où il cessera de travailler, il aura droit à sa retraite entière. (Sa veuve conserve tous ses droits.) De cette façon, ils toucheront l'intérêt des économies qu'ils auront faites. *mais n'auront pas le droit de toucher une retraite de privilégié* et d'aller prendre encore le travail de ceux qui peinent pour leur servir une retraite.

« Quant à la retraite proportionnelle faite par l'État au bout de quinze années de services, c'est aussi établir le favoritisme avec un cynisme *indigne d'un régime qui prétend avoir pour base la Justice et l'Égalité*. Cette loi doit être abolie, car rien, rien ne peut la justifier que l'arbitraire et l'abus. Quant à ceux qui ne laissent pas un centime de leur salaire pour constituer leur retraite — *comme les ouvriers des arsenaux maritimes et les autres* — et qui, une fois retraités, voudraient aller travailler dans l'industrie et le commerce, enfin prendre un emploi rémunérateur; *les employants* qui occuperont un ou plusieurs retraités ou pensionnés de l'État, qu'ils les rétribuent ou non, paieront un impôt ou taxe par jour et par retraité.

« L'impôt ne sera applicable à l'employant que pour le retraité ou pensionné de l'État touchant une retraite ou pension de 500 francs par an au minimum. L'on établirait l'impôt progressif : retraité ou pensionné de 500 francs à 1 000 francs, 1 franc par jour; de 1 000 à 2 000 francs, 1 fr. 50 par jour; de 2 000 à 3 000 francs, 2 francs par jour: de 3 000 à 4 000 francs, 2 fr. 50 par jour; de 4 000 à 6 000 francs, 3 francs par jour; de 6 000 à 10 000 francs, 4 francs par jour. Cet impôt serait aussi applicable pour les retraités professionnels. *Toutes les recettes et bureaux de tabac seront mis en adjudication.*

« Il en sera de même pour tous les militaires retraités et pensionnés par l'État; les employants, *qu'ils les rétribuent ou non*, paieront un impôt équivalant à 20 p. 100 de la retraite ou pension que leur sert l'État.

« Toute fraude sera punie de 100 francs d'amende pour l'employant et de 500 francs pour l'employé ».

VIII

LA TRANSFORMATION DU SALARIAT
L'ACCESSION A LA PROPRIÉTÉ

« On ne peut prétendre guérir toutes les douleurs humaines. On ne peut que les atténuer beaucoup, sans prétendre les supprimer toutes, pas plus qu'on ne peut empêcher la mort. » On ne saurait donc vouloir résoudre la question sociale par une formule. On ne peut qu'améliorer le sort des travailleurs, sans espérer leur assurer le bonheur parfait.

Ce n'est pas, d'ailleurs, chose aussi aisée que les socialistes ou les révolutionnaires le proclament, car la question sociale est infiniment complexe. Les Jaunes donnent quelques exemples des difficultés que l'économiste et le sociologue ont à surmonter. Une forge, employant

300 ouvriers, produit 2 millions par an. Elle gagne 8 p. 100 par an. Cette usine a un revenu de 160 000 francs pour un capital de 2 millions. Ses actionnaires touchent 5 p. 100 d'intérêt, ce qui n'a rien d'exagéré; 30 000 francs sont versés à la caisse de réserve, 30 000 francs restent donc disponibles. Il convient d'attribuer 5 000 francs à la direction, 10 à 15 000 à la caisse de secours et de maladie des ouvriers. Si on répartissait les 10 000 francs du reliquat, chaque ouvrier toucherait 30 francs.

D'autre part, une maison de spécialités pharmaceutiques, avec 50 ouvriers seulement, fait 500 000 d'affaires. Elle n'a exigé qu'un capital de 300 000 francs, dont le revenu net est de 100 000 francs. Elle peut donner à son capital 10 p. 100 d'intérêts. Après avoir assuré ses amortissements, ses réserves, doté sa caisse de secours, elle dispose encore de 30 000 francs. Ses ouvriers, si l'on répartit le reliquat, toucheront individuellement 600 francs. Dira-t-on qu'il y a injustice de traitement?

Le collectivisme mettrait, lui, tout le monde sur le même pied, sans se préoccuper de savoir si les ouvriers de la maison de produits pharmaceutiques ont dû faire un long apprentissage, si, au contraire, à la forge, le personnel ne comprend pas un chiffre respectable de manœuvres qu'on peut remplacer sans délai parce que leur emploi ne comporte aucune préparation. Le raisonnement des collectivistes aura pour effet de supprimer tout apprentissage. Il entraînera forcément la disparition de certaines industries qui exigent un personnel instruit et expérimenté. Quels bénéfices la société tirera-t-elle de l'avènement du collectivisme?

Au contraire, les Jaunes préconisent la diffusion de la propriété *collective*. D'accord avec Montesquieu, ils estiment que l'individu doit devenir propriétaire, car c'est le seul moyen pour lui d'assurer son indépendance, de pouvoir user de sa liberté, de développer ses qualités d'intelligence et d'imagination. L'ouvrier pénétré de cette vérité que son travail lui profitera, et augmentera sa part de propriété, sera hors d'atteinte de l'anarchie.

L'illustre philosophe britannique Stuart Mill écrivait, en 1852 : « Malgré l'influence que peuvent avoir une instruction meilleure et plus forte des classes laborieuses et des lois justes, pour modifier, à l'avantage des travailleurs, la distribution des produits, je ne puis croire qu'ils se contentent toujours de l'état de « salariés » et qu'ils l'acceptent comme condition définitive. Ils peuvent consentir à passer par la condition des salariés pour arriver à celle de maîtres, mais non à rester toute leur vie salariés. »

Si les ouvriers ne doivent pas demeurer éternellement des salariés, comment deviendront-ils des maîtres? La *propriété* collective leur en fournit le moyen. Il convient, tout d'abord, de la définir. On ne le saurait mieux faire qu'en la comparant à la propriété *collectiviste* avec laquelle on la confond parfois. Tandis que la seconde est indivisible, que dans cette masse la part de chacun n'est pas fixée, qu'elle « constitue un véritable bagne dans lequel tout citoyen doit rester à la place qui lui est assignée et qu'il n'en peut sortir », la première est le fait d'hommes mettant en commun argent, intelligence et travail, pour en tirer des bénéfices. La part de chacun est définie; chaque individu peut être libre, sous certaines conditions, d'aliéner sa part, de sortir de l'association. « C'est la société en commandite, la société par actions, l'association librement consentie », c'est une forme de la propriété individuelle. Les socialistes égarent le prolétariat lorsqu'ils confondent propriété collective et propriété collectiviste, lorsqu'ils clament que la propriété collectiviste existe dans les mines ou les grandes usines.

Celles-ci sont des propriétés collectives. On ne peut donner à celui-ci une cheminée, à celui-là une machine, à tel autre une partie de l'édifice, mais on a donné à chacun des actions pour représenter l'argent qu'il a versé pour l'installation de l'usine. Cette propriété collective est un ensemble de propriétés individuelles. Elle s'est répandue de notre temps en raison des progrès du machinisme, qui ont développé la grande industrie, et tendent à la substituer à la moyenne et à la petite industrie.

Si l'ouvrier possédait un capital initial, il lui serait très facile de participer à la *propriété collective,* mais il n'en possède, en principe, aucun. N'aura-t-il donc aucun espoir de participer au capital collectif? Les Jaunes lui affirment que si, car l'ouvrier est un des facteurs de la richesse sociale. Celle-ci comprend trois facteurs nécessaires : le travail intellectuel ou de direction, le capital argent, et le capital travail. Le capital argent ne peut rien sans le capital travail, et eux-mêmes sont tributaires du capital intelligence. Il est essentiel que ces forces, impuissantes quand elles sont isolées, s'entendent harmonieusement. Par la nécessité des choses, ouvriers et patrons sont tenus de vivre en bons rapports. De leur harmonie seule naît la prospérité.

L'homme n'est donc pas une pure machine, ainsi que le prétendent les socialistes, collectivistes et communistes, c'est un capital « qui se développe, décline et disparaît, pour redevenir matière première ». Après cette déchéance, toutefois, ce capital n'est pas perdu à jamais. Il se retrouve dans l'intelligence des enfants, assurant de cette manière le progrès continu de l'humanité.

Si l'homme ne dépensait que l'effort nécessaire à la satisfaction de ses besoins immédiats, il ne saurait créer la richesse et susciter le progrès. L'homme va plus loin, dit M. Japy. Il n'obtient ce résultat que par le *surtravail*.

Le paysan pourrait ne cultiver que le blé nécessaire à sa consommation; il ne s'arrête pas à cette pratique. Son surtravail crée une richesse, laquelle lui permet d'améliorer sa vie.

La monnaie facilite l'échange de cette richesse, cette monnaie permet aux économes de créer de nouvelles richesses, de produire de nouveaux capitaux, et ces capitaux aident à la civilisation. Le capital a été créé par le travail, allié à l'intelligence ou à la force. Il n'est donc pas haïssable, et ne doit pas être systématiquement écarté de la vie sociale.

Il est, pourtant, un capital qu'on ne saurait tolérer, et auquel les Jaunes font une chasse perpétuelle, c'est le *capital de spéculation*. Pour eux, le spéculateur est un être nuisible. Il ne crée rien, et accapare le surtravail des travailleurs. Prenons un exemple pour plus de précision. Un spécu ateur provoque une grève dans une industrie. Profitant de la baisse des actions de cette industrie, il achète des titres. Cette opération effectuée, il fait cesser la grève. Le tour est joué.

Ce capital doit être poursuivi. Les Jaunes ne l'admettent pas plus que les Rouges. Des mesures devaient être prises contre lui. Les titres devraient tous être nominatifs.

Ainsi la fortune publique résulte de l'accord des facteurs capital, travail, intelligence. Ces éléments doivent tous jouir de la richesse qu'ils ont créée. Il est donc légitime que le travail soit l'associé du capital, auquel il donne une plus-value, car tous ceux qui contribuent à cet enrichissement doivent avoir leur part de plus-value.

Cette conception de l'association du capital et du travail est bien antérieure à l'action des Jaunes. La Labour Co Partner Ship association fut créée jadis en Angleterre, — elle est dirigée par des syndicalistes et par des parlementaires — « pour amener une organisation de l'industrie basée sur le principe du travail associé, c'est-à-dire un système dans lequel tous ceux qui sont occupés par une industrie auront une part dans les bénéfices, dans le capital, l'autorité et la responsabilité ».

L'association cherche donc : dans le mouvement coopératif, à aider toutes les formes de la production basées sur le principe précité; dans les autres affaires à amener patrons et ouvriers à adopter des projets de participation aux bénéfices et de placement tendant au même but.

On objecte à cette thèse de l'accession à la propriété par la participation au capital que les ouvriers ne peuvent faire des économies. Les

Jaunes répondent que cet argument n'a aucune valeur. Il suffit, disent-ils, d'étudier les statistiques des Caisses d'épargne pour se convaincre du contraire.

En second lieu, M. Cheysson et d'autres économistes ont estimé dangereux d'engager les ouvriers à placer leur argent dans les entreprises industrielles. Les risques encourus sont graves. Les faillites pourraient engloutir les capitaux péniblement amassés. Ces déconfitures se sont vues. Mais toutes les industries sont-elles en si mauvaise posture! Les faillites, trop souvent, sont dues à l'incapacité des industriels, parfois aussi au mépris qu'éprouvent les ouvriers pour un capital auquel ils ne participeront jamais. L'ouvrier intéressé au succès de *son* usine travaillera mieux, et les affaires de la maison s'en ressentiront.

A défaut d'actions, il serait loisible de créer des obligations formant créances privilégiées, qui ne seraient cessibles qu'entre ouvriers de l'établissement. On pourrait instituer un fonds de garantie des actions ouvrières dont les ressources seraient fournies par l'ensemble des actions ouvrières elles-mêmes sur l'ensemble de leurs revenus. On établirait de cette façon une caisse d'assurances sous le contrôle de l'État, mais non sous sa gestion. (Proposition Souchon, *Réforme sociale*, 16 décembre 1907.)

Les objections à la participation au capital sont donc assez spécieuses. Mais elles s'expliquent dans un pays où l'on craint les placements industriels et où les valeurs d'État, portant un intérêt ridicule, sont disputées furieusement. Un autre procédé d'accession au capital a été préconisé, dès 1872, par Charles Robert, dans son ouvrage sur le partage des *Fruits du Travail*; c'est la participation aux bénéfices. Les Jaunes l'ont adopté, non comme une fin, mais comme un moyen d'accession à la propriété individuelle, « une mesure philanthropique, qu'on ne saurait, cependant, imposer. » (Biétry.) Czulowski juge qu'on ne doit pas légiférer sur ce sujet, ni généraliser cette pratique. Elle échappe à toute réglementation d'ordre général.

« Pour une même industrie, les procédés de travail, les méthodes de direction, la forme de l'entreprise, les salaires varient dans la même région, il serait donc difficile déjà, dans ce cas, de légiférer sur la participation aux bénéfices; à plus forte raison, généraliser cette réglementation serait absolument impossible, surtout quand il s'agirait de fixer le taux de la participation. Les bénéfices industriels sont soumis à des influences si diverses, dont quelques-unes sont indépendantes de la volonté humaine, que le législateur serait impuissant. »

La participation aux bénéfices, comme la participation au capital, comporte des risques. Mais les ouvriers ne sauraient « constituer une classe privilégiée ». Toutefois on pourrait, peut-être, donner aux ouvriers quelques garanties.

La question se pose de savoir si, dans ce cas, les ouvriers participeront aussi à la direction. M. Japy admet leur contrôle, tout en reconnaissant que des abus pourraient marquer les débuts de cette pratique. Les adversaires de cette théorie rappellent la déconfiture, en 1908, de la Mine aux mineurs, et la déroute des coopératives de production. Selon M. Van Marken, directeur de la fabrique de levure de Delft, cette critique ne tient pas en ce qui concerne l'accession au capital.

Cette accession au capital a été approuvée par les radicaux et radicaux-socialistes aux congrès de leur parti de 1907-1908. M. Biétry a essayé, comme député, de la faire passer dans la pratique en demandant, lors du rachat de l'Ouest, qu'une nouvelle société fût formée pour l'exploitation par le personnel du réseau. En 1907, M. Mildé revendiquait, dans *Le Monde économique*, la participation aux bénéfices obligatoires dans les sociétés anonymes nanties d'une concession publique.

M. Briand, au Parlement, proposait d'appeler le prolétariat à la propriété pour l'assagir (1909). et de lui accorder des *actions de travail*[1]. Le 29 mai 1909, M. Justin Godard, de son côté, déposait un projet relatif à la création d'*actions de jouissance du travail*, aux termes duquel les ouvriers ne participeraient au capital qu'après amortissement de celui-ci; ce projet, pour parer à l'incapacité administrative du prolétariat, créait une caisse nationale de crédit du travail, chargée de gérer la propriété et les revenus des actions de jouissance.

Signalons, enfin, le projet Périssé, qui répartit les bénéfices au prorata des salaires attribués

1. Cf. *La Revue*, 15 mai 1909.

en cours d'exercice, et prévoit la constitution d'un fonds de garanties pour pertes, alimenté par une retenue d'un tiers sur les répartitions effectuées.

Tous ces projets, selon les Jaunes, laissent de côté la propriété individuelle. Ils ne remplissent pas leur objet.

LA DÉCENTRALISATION ET LES CHAMBRES DE CAPACITÉ

Les Jaunes, à la différence des Rouges, n'ont pas seulement posé des principes. Ils se sont préoccupés des moyens à employer pour en atteindre la réalisation.

Il faut, jugent-ils, décentraliser, et assurer aux capacités la place qui leur est due. Ils proposent donc la création d'organismes de direction, qu'ils appellent Chambres de capacité, représentant les valeurs professionnelles du pays, et chargées de discuter les intérêts de la nation.

Tout citoyen âgé de vingt-cinq ans serait tenu de s'inscrire *obligatoirement* à un groupement corporatif, patronal, ouvrier ou indépendant. Ces groupements, explique M. Japy, qui en a fait une étude approfondie, comprendraient agriculture, commerce, industrie, professions libérales, fonctionnaires.

Chaque profession élirait un nombre de représentants proportionnel à son importance dans la région. Les électeurs jouiraient, en outre, d'un nombre de voix différent selon qu'ils auraient de vingt-cinq à trente ans, de trente à quarante ou plus de quarante ans.

La France serait subdivisée en 20 régions, chaque région pouvant comprendre environ 500 000 électeurs au-dessus de vingt-cinq ans.

Les Chambres de capacité renfermeraient 50 membres environ chacune. Tous leurs éléments seraient au courant des besoins économiques du pays.

Les sessions closes, les ouvriers qui en feraient partie rentreraient dans leurs foyers, dans leurs ateliers, et se feraient les éducateurs de leurs camarades. Ainsi, plus de surenchères, ni de chimères.

Les Chambres de capacité seraient appelées à examiner les lois fiscales, les traités de commerce, les tarifs de douane, les lois concernant le travail, les grands projets de travaux d'intérêt public;

chaque chambre rédigerait un rapport, qui serait adressé ensuite au Parlement. Dans le cas où les députés modifieraient les demandes de la majorité des Chambres de capacité, les lois votées contrairement à ces avis devraient être soumises aux Chambres de capacité, qui pourraient les repousser, et le Parlement serait contraint de les discuter à nouveau.

Ces organes constitueraient de petits Parlements provinciaux, et « le referendum des capacités et des intelligences contrôlerait le pouvoir dictatorial des députés. »

Les réunions des Chambres de capacité se tiendraient quatre fois l'an. Tous débats politiques ou religieux y seraient interdits. Les délégués à ces assises toucheraient une indemnité de dix francs par jour, prélevée sur les patrons et ouvriers des corporations. Les membres de ces chambres voyageraient gratuitement, pour leur service, de leur domicile au siège de la Chambre de la région.

Les membres ouvriers seraient élus par les patrons sur une liste établie par les ouvriers, mais contenant dix fois plus de noms qu'il y aurait de délégués à élire.

De même, les patrons seraient élus par les ouvriers d'après une présentation analogue. Les fonctionnaires, divisés en deux classes, selon que leur traitement serait inférieur ou supérieur à 2 000 francs, seraient élus dans les mêmes conditions.

Les Chambres de capacité rendraient d'inappréciables services : elles pourraient fixer les salaires-bases de l'industrie, établir les contrats collectifs du travail, jouer le rôle de conseils d'arbitrage, créer des caisses d'épargne et d'assurances, empêcher la spéculation de peser sur l'existence du travailleur, restreindre la concurrence entre producteurs nationaux; en un mot, à côté de leur mission législative, elles pourraient, comme le reconnaissait M. Albert de Guigné au Congrès de 1906, « étudier, élucider, proposer toutes questions professionnelles ayant pour but le progrès, la défense ou la conquête soit au point de vue du personnel, soit au point de vue de l'industrie ou du travail ».

Il ne faut point se le dissimuler, cette réforme révolutionnerait nos mœurs. Elle aurait besoin d'être approfondie. Ainsi en jugea le Congrès de 1906, qui se contenta de « donner mandat à la Fédération des Jaunes de travailler à la constitution des Chambres de capacité ».

Ce projet serait-il réalisable? Il nous semble que l'on peut répondre par l'affirmative. Il n'est point, en effet, si nouveau qu'on le pourrait croire. M. Maire, dans une thèse fort remarquable, a montré l'embryon d'une Chambre de capacité dans le *Livre des Mestiers* d'Étienne Boileau, chambre professionnelle et régionale s'étudiant à élaborer le contrat de travail. Je dirai donc que cette idée est de celles qui méritent d'être mises en lumière.

X

QUELQUES AUTRES VUES DES JAUNES

Les Jaunes, on a pu s'en rendre compte, ont concentré tout leur effort sur l'accession à la propriété industrielle. Ils envisagent, néanmoins, la possibilité, pour le travailleur, d'accéder à d'autres formes de la propriété. A l'ouvrier ils voudraient qu'on procurât « une maison propre et confortable », construite suivant les règles de l'hygiène moderne, et un loyer abordable pour des bourses peu garnies.

Ils sont donc les apôtres du développement des habitations à bon marché, sans, cependant, nier les inconvénients de cette pratique.

Ils ont applaudi à la législation étendant le bénéfice de la loi de 1894 à la petite propriété rurale, mais ils regrettent qu'on ait limité à un seul hectare l'étendue de la terre dont la loi facilite l'acquisition; ils craignent aussi que les sociétés de crédit immobilier ne se livrent à la spéculation. Enfin, ils se sont réjouis de l'adoption de la loi du 13 juillet 1909, qui a introduit chez nous le bien de famille insaisissable, le *homestead* anglais.

Sur le terrain coopératif, il ne parait pas que les Jaunes soient parfaitement d'accord. Les uns sont d'avis que les syndicats doivent encourager et faciliter la fondation de sociétés coopératives; les autres y sont opposés, craignant de ruiner le petit commerce. D'autres, comme M. Japy, observent que les coopératives n'englobent pas tous les facteurs de la production; elles manquent de direction et de capital. Le grand industriel franc-comtois n'admet vraiment que les entreprises de déchargement, ou d'autres coopératives similaires, qui n'exigent pas de capital initial, et peuvent être administrées avec un minimum de capacités. D'ailleurs, de nombreux théoriciens Jaunes remarquent que, depuis 1834, les coopératives ouvrières n'ont guère prospéré. Cet échec de la coopération, répondent les partisans de cette pratique, s'explique par l'insuffisance de l'éducation professionnelle des ouvriers. Il faut reconnaître aussi qu'en France on n'a guère fait que de la coopération de consommation, non de la coopération de production. En Angleterre, au contraire, la coopération de production s'est développée sur une grande échelle, et son succès a été considérable.

Sur la question des retraites, les Jaunes ont également des idées particulières. Ils repoussent le principe de l'obligation des versements, aussi bien en ce qui concerne les ouvriers qu'en ce qui a trait aux patrons. Pas de retenues effectuées sur les salaires, pas davantage de nouvelles charges susceptibles d'écraser les employeurs. L'ouvrier est assez grand et doit être assez réfléchi pour s'assurer le pain de ses vieux jours. La société ne doit avoir à s'occuper que des déshérités et des indignes. La société *riche* fournira les ressources nécessaires à l'entretien de cette classe de citoyens.

Les fonds destinés à la constitution des retraites ne doivent pas, en outre, aller aux caisses de l'État, lequel en disposerait pour ses combina -

sons financières. Il conviendrait de les confier à des banques populaires dont l'objet serait de favoriser le petit commerce, la petite industrie et l'agriculture. Ainsi s'affirme, encore une fois, l'esprit libertaire et décentralisateur des Jaunes.

XI

LES DIRIGEANTS DU MOUVEMENT JAUNE

Les dirigeants du mouvement jaune n'ont rien de commun avec les militants du Syndicalisme révolutionnaire si ce n'est le courage dans l'adversité. MM. Japy et Biétry ne sont pas moins téméraires qu'un Yvetot ou un Jouhaux, et ils n'ont pas hésité à risquer leur vie pour le triomphe de leurs théories.

Ce sont, à l'inverse des chefs rouges, théoriciens et rêveurs, des gens de métier, des ouvriers ou des patrons. Peu nombreux, ils offrent pour l'attention publique moins de relief que les militants de la C. G. T., car ils vivent loin des réunions publiques, absorbés par la mise au point de leurs entreprises humanitaires.

Le fondateur du mouvement, M. Lanoir, nous

apparait comme un diplomate plutôt que comme un homme d'action. Lorsqu'il dirigeait la Bourse de la rue des Vertus, après avoir été employé à la Compagnie d'Orléans, c'était un homme de taille moyenne, aux cheveux châtains, presque crépus, portant une barbe blonde, qui lui donnait un aspect sympathique. Un lorgnon abritait ses yeux gris et indécis.

Doué d'une grande faculté de travail, l'intelligence toujours en éveil, il avait trouvé l'occasion de pénétrer dans les milieux les plus influents, et de se faire considérer comme un novateur perspicace. Le « bon combat » lui assura une paisible retraite, et il se retira à Juan-les-Pins, auprès de cette Méditerranée qui console de tant de désillusions.

L'élément patronal est représenté dans ce milieu par MM. Japy et Laroche-Joubert. Le premier, ancien polytechnicien, commandant à une armée de 8000 ouvriers, fut, d'abord, un adversaire déclaré des idées jaunes.

Mais la rectitude de son esprit et de son jugement eut raison de ses préventions contre les organisations syndicales. Il devint le défenseur du mouvement qui se dessinait. Après avoir aidé

Lanoir de ses conseils, il demeura à l'écart, puis, lorsque les Jaunes eurent rompu avec la politique, se fit l'auxiliaire de Biétry. A Nantes, il fut piétiné pour avoir voulu secourir Biétry au cours d'une réunion, où la vie de ce dernier paraissait menacée.

Orateur et écrivain remarquable — son livre sur les *Idées jaunes* témoigne de rares qualités de polémiste et d'analyste —, ayant la foi, et la science qui vient de l'instruction et de l'expérience, il participa aux Congrès jaunes où il fit entendre sa voix chaleureuse et vibrante. Il ne s'en est pas, d'ailleurs, tenu à la théorie, et nous verrons qu'il appliqua ses idées émancipatrices au personnel de ses usines du Doubs.

M. Laroche-Joubert appartient à l'école des Japy. Industriel éminent, esprit pondéré, sage, réfléchi, il créa de bonne heure la participation aux bénéfices et au capital et la coopération, dans sa grande entreprise de papeteries d'Angoulême. Orateur disert, il fut très écouté lors des assises jaunes, où l'on put apprécier la rigidité de ses principes et ses vues conciliantes.

Mais l'âme même du mouvement jaune, l'homme dans lequel le gros public a incarné la doctrine des syndicats indépendants, fut Pierre Biétry.

Né à Fèche-l'Église, dans le Haut-Rhin, en 1872, d'une modeste origine, Biétry s'expatria dès sa plus tendre enfance. A treize ans, il débarquait en Algérie, sans sou ni maille, et, pour vivre, dut revêtir le burnous arabe, et suivre les caravanes en vendant des montres. A dix-sept ans, la nostalgie du pays natal le prit, il rentra à Badevel, aux marches de l'Est. Il ne quitta sa vieille province que pour s'engager.

Ses qualités d'énergie lui valurent les galons de brigadier, mais cet homme avait la passion des aventures. Une fugue intempestive le fit envoyer aux compagnies de discipline. Il les quitta au bout de dix mois, sachant lire et écrire, instruction qui lui manquait jusque-là.

Après avoir travaillé dans l'horlogerie en Suisse et en Allemagne, l'infatigable juif-errant rentra à Badevel. Épris des doctrines socialistes, il s'en fit aussitôt le champion, créa partout des syndicats, inquiéta le patronat par ses visées enthousiastes.

En novembre 1899, des grèves éclatèrent dans le Doubs, parmi les horlogers, les tisseurs et les métallurgistes. Andincourt, Beaulieu. Badevel, Valentigney connurent les angoisses de la Révolution. Biétry se mit à la tête des grévistes que Quilici et la citoyenne Sorgues soutenaient de leur éloquence enflammée. M. Waldeck-Rousseau, inquiet, envoya des troupes pour maintenir l'ordre. Biétry vint, à Paris, solliciter de M. Millerand le retrait de l'armée, se portant garant de ses hommes. Le Ministre promit d'acquiescer à ce désir, mais ne tint pas parole.

C'est alors que Biétry, que rien n'effrayait, eut une idée folle. Il décida les grévistes à marcher sur la capitale. L' « exode » commença le 26 novembre 1898. 10000 ouvriers prirent le chemin de Belfort. L'armée leur barra la route. Très surexcités, les grévistes auraient passé quand même. Au moment où les fusils s'armaient la Préfet intervint. Un armistice de vingt-quatre heures fut conclu. Le lendemain, le Préfet ayant interdit tout attroupement sur la voie publique, Quilici et Biétry protestèrent violemment. On leur mit la main au collet. Ces arrestations déterminèrent une débandade des conjurés, qui regagnèrent piteusement leurs foyers, tandis que Biétry et Quilici étaient conduits à Bel-

7.

fort. Ils devaient être relaxés peu de jours plus tard.

En 1900, Biétry, qui venait de publier quelques brochures de propagande, dont *Les Grèves*, fut désigné comme délégué au Comité général du parti socialiste. Comme tel, il fut envoyé, en août, à Giromagny, où un mouvement s'était produit. Il ne tarda pas à y être arrêté pour avoir insulté un maréchal des logis de gendarmerie. Le tribunal de Belfort lui octroya un mois de prison, son avocat, M. Viviani, l'ayant abandonné, paraît-il, au cours du procès. Biétry ne pardonna pas cette défection à M. Viviani, et l'attaqua vigoureusement au meeting de la salle Wagram.

Cette détention avait sans doute assagi le militant socialiste, car, en décembre 1900, nous le retrouvons chez son ancien patron, comme contremaître. Il laissa l'atelier pour aller représenter le Doubs et le Haut-Rhin au Congrès socialiste d'Ivry, avec mission d'y combattre la grève générale. Une déclaration qu'il avait fait paraître dans *L'Union ouvrière* de Lanoir fut jugée offensante par les congressites qui l'exclurent du parti sans avoir voulu l'entendre.

Biétry rompit brusquement avec ses anciens amis socialistes, et accepta le secrétariat adjoint de la Bourse de Lanoir, aux appointements de 750 francs par mois. Nous avons dit comment il se brouilla avec Lanoir, et provoqua la scission des Jaunes, entraînant 16 syndicats avec lui.

Il débuta dans la presse en créant un organe dans son pays. Avec les économies qu'il réalisa (1 500 francs), il fondait, un peu plus tard, *L'Ouvrier indépendant*, qui compta parmi ses collaborateurs Verleye et Gallian, du *Gaulois*. Une lettre ouverte à la duchesse d'Uzès le mit en vedette : il entrait bientôt en relations avec MM. de Bellaigue et Poizat, le futur auteur dramatique.

Désormais son histoire se confond avec celle du mouvement jaune. Il crée la Fédération nationale, le journal *Le Jaune* à Paris, d'autres feuilles en province, multiplie les tournées de conférences; ses adversaires cherchent, à plusieurs reprises, à lui faire un mauvais parti. On le trouve à l'étranger, organisant les Jaunes d'Allemagne et de Russie, jusqu'au jour où les élections de 1906 l'envoyèrent siéger à la Chambre comme député de Brest. Les dernières élections l'ont rendu au seul parti propriétiste. Au physique, plutôt court, ramassé, il a l'aspect d'un lutteur. Ses yeux, d'une clarté douce et pénétrante, sont ceux « d'un vrai Gaulois ». (Harel.) Une barbe fournie encadre son visage sympathique.

On a dit de lui qu'il était un séducteur Ce n'est, en tous les cas, pas un pédant. Son abord est simple et cordial. Il est plus simple qu'arrogant. Malgré sa simplicité, il laisse deviner un homme d'action prompt à l'attaque. On pourrait dire de lui ce qu'on a écrit de Louis XI : « Tout compte fait, c'est un homme ».

Autour de MM Biétry et Gaston Japy gravitent un certain nombre de lieutenants qui mettent tout leur dévouement au service de la cause jaune : des ouvriers comme MM. Czulowski, ancien employé au Havre, Wayss, Verleye, Scineville, l'ouvrier serrurier de Cherbourg, Abraham, Gautherot, Drouot; des industriels comme MM. de Bellaigue et Raphaël Toutain; l'abbé Brière, les intellectuels Poizat et Paul Harel, Leroy, Pellicot, Castellan, Méric, l'ancien explorateur Albert de Guigné, le capitaine Dejéan, qui vendit sa cave pour soutenir le mouvement, M. de Weldegg, fondateur du *Jaune* de Zurich, Mmes Bosviel, Rey, de Maillefer, de Weldegg, qui avec Mlle de Blarer fit fleurir le *Genêt*, Mlle Dolbeau, et tant d'autres, tous gens de cœur et d'idéal.

XII

L'APPLICATION EN FRANCE DES THÉORIES DU SYNDICALISME INDÉPENDANT

Les théories du Syndicalisme jaune en matière d'accession au capital sont-elles de pures chimères? Des expériences ont-elles été faites de participation du travailleur au capital? C'est ce qu'il nous reste à examiner avant de présenter nos conclusions.

Les essais pratiqués à l'étranger ont été nombreux. Certains ont donné les meilleurs résultats, mais, le caractère français étant très particulier, il ne nous semble pas que les succès obtenus au delà de nos frontières puissent être considérés comme probants à l'endroit de nos compatriotes.

Nous n'étudierons donc que les expériences

tentées sur notre sol. Celles-ci, hâtons-nous de le reconnaître, sont encourageantes. En 1907, Biétry fixait à 114 le nombre des maisons qui faisaient participer leur personnel au capital. Il est juste d'observer qu'un certain nombre avait appliqué cette pratique bien avant l'éclosion du mouvement jaune.

Cette participation au capital peut s'opérer par achat direct des actions et obligations. Les exemples de ce système sont assez rares.

Au Bon Marché, en 1880, Mme Boucicaut s'associait ses collaborateurs et principaux employés en constituant une société en commandite simple, dont, toutefois, elle conservait la gérance. Le personnel du magasin devenait copropriétaire du fonds social grâce à l'émission de coupures de moins en moins importantes. En outre, la généreuse philanthrope instituait une société civile pour permettre aux employés d'acquérir les parts qu'elle possédait personnellement. Son apport initial avait été fixé à 12 500 000 francs alors que ses employés fournissaient 7 500 000 francs.

Cette institution fut complétée par celle d'une caisse de prévoyance, qu'alimentèrent les bénéfices de l'entreprise, la répartition des sommes attribuées à la caisse étant calculée au prorata des salaires touchés par les employés ayant cinq ans de présence dans la maison. Chaque agent possédait, d'après les statuts, un compte individuel, bénéficiant d'un intérêt de 4 p. 100.

En 1907-1908 le capital de la caisse a atteint 4 954 426 fr. 20, et la dotation s'est chiffrée à 310 348 fr. 05.

Au Printemps de Jules Jaluzot, l'acquisition d'actions était imposée aux employés qui voulaient rester dans la maison.

Le 11 septembre 1900, les établissements Japy frères et Cie ont créé 3 000 titres de « participation de collaborateurs », de la valeur de 100 francs, réservés aux ouvriers ayant cinq ans de présence, et remboursables en 1910. Ces titres ne sont cessibles que dans la maison, et après avis des gérants.

Ils portent intérêt à 4 et demi p. 100, plus 1 p. 100 supplémentaire si le dividende brut est égal ou supérieur à 30 francs par action, 2 p. 100 lorsqu'il dépasse 35 francs, 3 p. 100 quand il atteint 40 francs, 4 p. 100 s'il s'élève à plus de 45 francs. Les titulaires de parts nomment des délégués qui sont entendus par le Conseil de gérance.

La maison Branchu-Houdayer et Beaufils-Mariette a émis des obligations de 25 francs, à 4 p. 100 d'intérêt, réservées aux ouvriers et employés, avec participation aux bénéfices. Un même ouvrier ne saurait avoir plus de 10 titres. Une part supplémentaire variable est accordée lorsque les affaires vont bien.

Les mines de Montigné, près de Laval, ont créé des coupures de 100 francs, réservées aux ouvriers et au conseil, celui-ci pouvant les rétrocéder au personnel. Le transfert des titres est limité, et doit être précédé d'un avis du conseil d'administration. Un intérêt de 4 p. 100 est assuré aux porteurs.

La société la Fougeraise (fondée en avril 1901) a 60 de ses ouvriers actionnaires de 300 actions de 100 francs.

Depuis 1907, *La Dépêche de Cherbourg* a délivré des actions de 125 francs à ses ouvriers ayant un ou deux ans de présence, contre versement de 25 francs, le surplus devant être payé au moyen de gratifications annuelles de 25 francs. Signalons aussi certains contrats de participation entre fermiers de Seine-et-Oise et leurs ouvriers agricoles. Ces contrats, d'une durée de dix ans, ont prévu la création de parts de 100 francs, payables à tempérament, portant intérêt à 4 p. 100, plus une quote-part sur les bénéfices. Ces parts sont réservées au personnel de la ferme.

∴

L'expérience de la participation aux bénéfices a été faite dans un certain nombre de sociétés minières. A Épinac, où le personnel est intéressé aux résultats de l'entreprise, le Conseil d'administration pouvait déclarer, en 1908, que, dans la société « actionnaires, employés et ouvriers constituaient de véritables associés ». A Blanzy, près de 400 000 francs sont distribués au personnel, en sus des salaires. De même, la mine de Carmaux, en 1908, a porté le taux de la rétribution du travail — au moyen de primes et de gratifications — à 20 p. 100 des salaires-types. Mais ces sociétés n'ont pas facilité l'accession du salariat à la propriété industrielle. Elles se sont contentées d'accorder un sursalaire.

Au contraire, la Compagnie des mines de Carvin est entrée dans cette voie. Depuis le 30 avril 1900, la Compagnie répartit, en effet, entre ses ouvriers des cinquièmes d'action. Les employés participent annuellement à cette distribution jusqu'à concurrence de 20 p. 100. 80 p. 100 vont aux mineurs.

Pour participer à la répartition, quinze ans de services sont nécessaires. Chaque année de service donne droit à 10 points; chaque enfant ou gendre travaillant à la Compagnie depuis un an au moins donne droit à 10 points; la capacité professionnelle entre en ligne de compte pour un nombre de points variant de 1 à 10; les actes de courage ou sauvetage entrent également en compte pour de 1 à 15 points, et l'exactitude au travail pour la même quotité.

En 1908, il a été ainsi attribué 21 428 fr. 58, soit 48 cinquièmes. Les bénéficiaires de ces libéralités sont propriétaires *sans réserve* des actions qui leur sont remises, et peuvent les aliéner à leur gré. Depuis 1900, la Compagnie a réparti ainsi 205 cinquièmes d'action (à la date de 1908).

La Compagnie des mines de Lens, en 1905,

avait décidé que tout ouvrier titulaire d'une médaille d'honneur obtenue sur sa proposition recevrait une somme égale au revenu, pendant l'année en cours, d'un centième d'action de la Compagnie. Aujourd'hui, celle-ci distribue à son personnel des dixièmes d'action. En 1908, 192 titres ont été accordés aux employés comme part de gratification, et 54 aux employés et ouvriers médaillés. La valeur des titres répartis ainsi en 1907 et 1908 (616 titres) a atteint 550 000 francs.

Il convient d'ajouter que dans un certain nombre d'exploitations des ouvriers laborieux et économes sont devenus, grâce à l'épargne individuelle, propriétaires d'actions.

Ainsi en a-t-il été à Lens, Dourges et Bruay.

*
* *

Des patrons, désireux d'associer leur personnel au succès de leur entreprise, ont, de leur côté, accordé aux ouvriers une participation aux bénéfices. La France, cependant, est demeurée, sur ce terrain, très en arrière de l'Angleterre et des États-Unis, et la Société pour *l'étude de la participation aux bénéfices* n'a pas exercé une action bien efficace. Le congrès organisé en 1900 par cette association ne voulut pas s'engager profondément dans la question.

Celle-ci, toutefois, était étudiée dès longtemps à Angoulême, où, M. Edmond Laroche-Joubert associait, il y a plus d'un demi-siècle, en 1843, travail, intelligence et capital.

Le grand industriel voulut rendre possible à ses ouvriers la constitution d'un capital individuel par le dépôt de leurs économies dans la maison, et les encouragea, sans les y contraindre, à devenir copropriétaires de l'actif social.

A cet effet, il décida que les bénéfices nets seraient ainsi répartis : 25 p. 100 au capital, 25 p. 100 aux gérants et au conseil de gérance, 50 p. 100 aux coopérateurs. La part de bénéfices attribués aux coopérateurs est répartie entre eux « proportionnellement à leurs salaires, à l'ancienneté de leurs services et à l'importance de leur emploi ». Cette mesure a donc pour objet d'accorder au travailleur un *sursalaire*, et de susciter son dévouement à l'œuvre du commerce. Les sommes réparties à la fin de chaque inventaire sont définitivement acquises à l'ouvrier, mais il ne peut disposer de son dépôt qu'en cas de mariage ou de départ au service militaire.

« Si le *coopérateur est majeur*, il est fait, chaque année, deux parts égales de la somme de ses bénéfices, qui sont portées distinctement au crédit de son compte; elles sont l'une et l'autre sa propriété exclusive, mais il n'aura pendant les cinq premières années la libre disposition que de l'une d'elles. Après ces cinq années, cette réserve cesse. Elle a pour but de l'habituer à l'épargne et de lui en faire comprendre les avantages. »

Les bénéfices distribués au personnel peuvent être employés suivant les modes suivants : dépôts coopérateurs, comptes courants, obligations nominatives de la maison, participation au capital social.

Le maximum de chaque compte de dépôt coopérateur a été fixé à 3 000 francs. Le capital des déposants participe à la répartition des bénéfices au demi-marc le franc, tandis que le capital social y prend part au marc entier le franc.

Les comptes courants s'adressent aux coopérateurs retirés du service actif ou à ceux dont le compte de dépôt ou bien la part de capital a atteint le maximum.

Ces comptes ne participent pas aux bénéfices, mais sont productifs du même intérêt que les comptes de dépôt.

Les obligations nominatives de la maison sont la propriété personnelle de leurs acquéreurs, et leur sont remises, mais, si les possesseurs veulent les vendre, ils doivent en offrir la préférence à la maison.

Lorsque les économies et bénéfices accumulés d'un coopérateur atteignent un certain taux, celui-ci peut être admis à participer au capital, à devenir associé de la maison, copropriétaire de l'avoir de la Papeterie coopérative d'Angoulême. Les parts du capital sont de 1 000 francs. Les fonds ne peuvent être retirés, et restent disponibles jusqu'au 31 janvier 1913, date à laquelle a été fixée la fin de la société.

Le taux d'intérêt des comptes de dépôt ou comptes courants ne peut être supérieur à 4 et demi p. 100, sauf pour les dépôts inférieurs à 300 francs, auxquels il est attribué 5 p. 100.

Le taux minimum a été arrêté à 3 p. 100

pour les dépôts et comptes courants rembour sables seulement un an après la demande.

La direction des usines comprend un consei de gérance, un conseil des directeurs, et un con seil coopératif, celui-ci purement consultatif pour le contrôle des inventaires et la revisioi des règlements intérieurs de la maison.

Le familistère de Guise (Aisne), fondé pai Godin, a fait participer aussi les ouvriers au: bénéfices. La répartition était faite par neu délégués ouvriers et le conseil de gérance 25 p. 100 étaient attribués au fonds de réserve 50 p. 100 au capital et au travail, 25 p. 100 au: capacités.

Le personnel était divisé en quatre catégories les *auxiliaires*, assurés contre la maladie et le accidents, les *participants* qui touchaient une par des bénéfices, les *sociétaires*. gratifiés d'une par et demie, les *associés* possesseurs de deux parts Les bénéfices versés étaient remboursables.

Les travailleurs ont ainsi pu racheter à Godii les apports qu'il avait faits à la société (1875), e le capital est aujourd'hui totalement entre le: mains du personnel.

La maison de peinture Leclaire, rue Saint

Georges, à Paris, fondée par un homme ingénieux autant que laborieux, a, dès 1842, établi la participation aux bénéfices. La répartition était ainsi réglée : 15 p. 100 aux gérants, 35 p. 100 à la société de prévoyance et de secours mutuels, 50 p. 100 aux ouvriers et employés, au prorata des salaires. Au bout de cinq ans, le personnel pouvait être admis dans ce que Leclaire appelait le « noyau », et autorisé à faire partie de la caisse de prévoyance et de secours mutuels. Un *comité de conciliation* mixte était institué pour juger toutes fautes commises par les membres du noyau, et prononcer des amendes. Celles-ci étaient versées à la caisse de prévoyance, que grossissaient les gratifications des clients et la part de bénéfices allouée aux ouvriers, aux termes de l'acte social. En 1905, la Société de secours mutuels possédait un capital de 3 621 610 fr. 40.

M. Briand s'est, à coup sûr, inspiré de cette organisation dans son projet présenté au Parlement.

Dans le domaine agricole, la participation aux bénéfices a été créée à Lalande (Gironde), par M. Goffinon, propriétaire des vignobles de Grésy.

Les sommes affectées au personnel sont employées à l'achat de titres de rente 3 p. 100, dont le titulaire ne peut disposer que dans certaines conditions.

*
* *

Les Compagnies d'assurances ont, de leur côté, cherché à faire participer leur personnel aux bénéfices de leurs opérations.

L'Union-vie attribue 10 p. 100 de ses bénéfices à ses employés et à la direction, suivant la répartition que voici : 1 p. 100 à la caisse des retraites, 4,5 p. 100 à la direction, 4,5 p. 100 aux employés, au prorata des salaires. Cet argent est employé à l'ouverture de livrets d'épargne. L'intérêt alloué à ces dépôts est de 4 p. 100.

L'Union-incendie ajoute à ces avantages l'octroi de 2 p. 100, distribués en gratifications annuelles.

La Foncière détermine chaque année la part des bénéfices qui sera attribuée au personnel. Les dépôts individuels ainsi effectués bonifient d'un intérêt de 3,50 p. 100.

En 1850, les Assurances générales fondèrent

une caisse de prévoyance alimentée par un prélèvement de 5 p. 100 sur les bénéfices. Les fonds jouissent d'un intérêt de 4 p. 100. Un livret individuel est constitué, et le capital, au bout de x années, est versé au titulaire du livret sous forme de titres de rentes perpétuelles. Il y a donc là une véritable expérience « d'accès au capital ».

Les héritiers sont mis en possession du capital lui-même.

On a vu un garçon de bureau, décédé après quarante ans de services, laisser à sa veuve 58 000 francs.

Enfin, certaines maisons ont encouragé l'épargne par la participation aux bénéfices sous une forme spéciale. Les sommes attribuées aux ouvriers sont placées à la Caisse d'épargne, transformées en titres de rente sur l'État, mais l'ouvrier n'en peut disposer qu'à soixante ans d'âge.

XIII

LES JAUNES DE FRANCE ET L'ÉTRANGER

Les Jaunes de France réprouvent l'internationalisme des socialistes, parce que cette doctrine fait litière des devoirs de patrie, mais ils tendent la main aux prolétaires de tous pays qui, par des voies pacifiques, s'efforcent d'améliorer le sort de l'ouvrier. A ce titre, ils fondèrent des Syndicats jaunes en Suisse, et les dotèrent d'un journal trilingue. Ils publièrent, de même, à Stuttgart, une feuille qui dut disparaître de par la volonté du gouvernement wurtembergeois.

Ils sont également intervenus en Russie, et leur rôle, en cette circonstance, fut assez glorieux, bien qu'ignoré. En 1905-1906, Pierre Biétry, en pleine tourmente terroriste, prit l'initiative d'instruire le peuple russe « sur le complot formé à son encontre par le socialisme bourgeois ».

Au début de 1906, le chef des Jaunes obtenait de M. de Nelidoff, ambassadeur du Tzar à Paris, une audience, au cours de laquelle il lui exposa les méthodes qui, selon lui, pouvaient permettre, en Russie, de donner au gouvernement « les moyens de prendre lui-même l'initiative de l'accession à la propriété dans les milieux agraires ». M. de Nelidoff transmit à M. Stolypine les observations de M. Biétry, et, en septembre et octobre 1906, une série d'oukases réglaient la dévolution aux paysans des terres de la couronne et des terres d'apanages. Le 22 novembre de la même année, un autre oukase libérait les paysans de la servitude des *mirs*. Malheureusement, la première Douma dut être dissoute, et la seconde ne se préoccupa pas d'examiner la question agraire et l'accession des paysans à la propriété.

Cependant, quelques hommes envisageaient le problème, et M. Gringmuth, directeur de la *Gazette de Moscou*, déléguait quelques membres de l'Union du peuple russe pour étudier le mouvement jaune. A la tête des délégués se trouvait le jeune Soutchkoff. Biétry rédigea, en compagnie de Soutchkoff, un appel aux travailleurs russes qui fut mis au point à Fribourg.

Ce document parut dans la *Gazette de Moscou* du 23 août 1907, à la fois en français et en russe. Je transcris ici ce document qui offre un vif intérêt :

APPEL A NOS FRÈRES LES TRAVAILLEURS RUSSES

Les Jaunes de France et ceux de la Suisse vous envoient leur salut fraternel et l'assurance de leur solidarité.

Savez-vous, camarades, ce que sont les Jaunes? Ce sont des ouvriers de tous les métiers et de toutes catégories qui se sont formés en associations et en syndicats d'abord pour améliorer leurs situations professionnelles, ensuite pour travailler à l'émancipation de la classe ouvrière — tant au point de vue matériel que moral.

En France nous sommes plus de 600 000 ouvriers jaunes, réunis par une même fédération nationale. Les Rouges, eux, comptent 200 000 adhérents au maximum.

Maintenant, mon frère russe, écoute ce que nous avons à te dire.

Tu as été trompé, tu es trompé tous les jours par les propagandistes révolutionnaires, socialistes et travaillistes, qui te disent que le prolétariat conscient approuve leurs actes ainsi que leurs monstrueuses théories.

En France, en Belgique, en Allemagne, en Angleterre, dans toute l'Europe, *les travailleurs conscients et organisés méprisent le socialisme*, et ils haïssent les propagandistes révolutionnaires qui sont des brutes sanguinaires sans autre idéal que la destruction.

Les *socialistes*, dans tous les pays civilisés et libres, sont une minorité malfaisante et ils te disent des mensonges, mon frère russe, quand ils te causent de leur force et de l'appui moral ou matériel qu'ils peuvent te prêter dans le monde.

C'est parce que le *Peuple russe* a, un instant, paru incliner une oreille indulgente vers la propagande des socialistes, travaillistes et des révolutionnaires, que les ouvriers conscients d'*Europe* se sont désintéressés du sort du *Peuple russe*.

Vois l'influence socialiste!

Il faut que tu saches la vérité, mon frère. On t'a raconté qu'en France le socialisme était puissant, moralement, matériellement et politiquement.

C'est faux!

En France, où tous les hommes, les plus pauvres comme les plus riches ont, à l'âge de 25 ans, les mêmes droits électoraux, *il n'y a que 10 élus socialistes sur 600 députés.* Cependant, depuis longtemps les socialistes ont eu beaucoup d'argent des Juifs, et ils ont présenté leurs candidats dans toutes les circonscriptions du pays.

On te dit, mon frère, qu'en France il y a des *socialistes* qui sont ministres?

C'est un autre mensonge!

MM. Millerand, Briand, Viviani étaient, en effet, du parti socialiste *avant d'être* ministres. Mais ce sont eux que les bourgeois qui nous gouvernent ont choisis pour faire de la politique brutalement réactionnaire *contre les ouvriers* dans les moments difficiles.

C'est sous le ministère Millerand qu'on fusilla les grévistes *de Châlons, et, hier* c'est sous le ministère de MM. Briand, Viviani et Clemenceau qu'on a fusillé les viticulteurs du Midi à

Narbonne et les grévistes des Vosges à *Raon-l'Étape.*

En Suisse, le socialisme est traité comme une épidémie, et les socialistes comme des gâteux.

En Allemagne, le socialisme est également abandonné par la masse intelligente des travailleurs, il en est de même, je te le répète, dans toutes les patries.

Autre exemple : En Allemagne, aux dernières élections qui datent de six mois — *il n'y eut que 53 députés socialistes réélus au Reichstag sur 87 députés socialistes sortants.*

Nous avons vu que partout le Socialisme fut néfaste, propagateur de misère et de ruines. C'est pour cela que dans le monde entier les ouvriers les plus instruits et les plus intelligents s'organisent *entre eux* et qu'ils luttent contre le Socialisme avec autant de vigueur que contre les abus du patronat et des gouvernants.

Ces organisations ouvrières s'appellent le *mouvement jaune* et nous espérons que les travailleurs russes se joindront à nous pour les faire triompher, s'ils désirent sincèrement leur émancipation.

Jaunes et Rouges — Comparez.

La doctrine des ROUGES c'est le *Socialisme*. La doctrine des JAUNES c'est le *Propriétisme*.

Les JAUNES disent que les ouvriers et les paysans sont malheureux parce qu'ils NE POSSÈDENT RIEN et que ce n'est pas en leur faisant signer leur renonciation à la conquête de la propriété, c'est-à-dire en les rendant *socialistes*, qu'on les rendra heureux, mais en les aidant à conquérir, à ACQUÉRIR LA PROPRIÉTÉ. Mon frère, tu le sais, l'homme n'est libre que quand il possède quelque chose; l'être dépossédé ne peut jamais résister à l'oppression ni à la misère.

UN ESCLAVE? C'est celui qui ne possède rien, qui ne se possède pas soi-même et ne peut faire ce qu'il voudrait avec sa volonté et les fruits de son travail. Le Socialisme qui veut détruire le principe de la propriété est donc un procédé d'esclavagisme.

Si tu réfléchis, mon frère Russe, tu haïras de toutes les forces le Socialisme et les propagandistes révolutionnaires — tu te rappelleras que ces misérables ont essayé de te plonger dans l'étroite nuit de la servitude, en essayant de te faire UNE RÉVOLUTION SOCIALISTE, c'est-à-dire de te faire renoncer à la conquête de la propriété individuelle.

Regarde l'histoire et juge!!

Toute l'histoire de la civilisation, tous les progrès de l'humanité prouvent que les JAUNES ont raison et que c'est par LE PROPRIÉTISME qu'est venu le progrès, que les êtres humains de serfs sont devenus libres. — C'est par la PROPRIÉTÉ que les esclaves se sont émancipés, — c'est par LA PROPRIÉTÉ INDIVIDUELLE que le servage périt. C'est par le PROPRIÉTISME que l'Humanité montera, peu à peu, vers son idéal harmonique de bonheur et de prospérité pour tous.

Le SOCIALISME, lui, fait reculer le progrès en assassinant la liberté individuelle; IL FORMERAIT LES HOMMES EN TROUPEAUX EXPROPRIÉS, sous le gouvernement des chefs socialistes qui se partageraient LE POUVOIR avec l'aide des soldats et des gendarmes comme ils le font en France quand ils sont ministres.

Le manifeste ajoutait :

Camarades!!!

Vous le voyez! LES SOCIALISTES VOUS ONT TROMPÉS DE TOUTES LES MANIÈRES.

ILS VOUS ONT TROMPÉS, en vous disant que le socialisme est influent dans le monde.

ILS VOUS ONT TROMPÉS, en vous disant que leurs doctrines affranchissent l'Humanité, quand — en réalité — elles ne font que l'avilir, la rabaisser et l'exploiter.

ILS VOUS ONT TROMPÉS ENCORE, en vous disant que les travailleurs organisés et conscients d'Europe et surtout en France étaient favorables à la propagande qu'ils font en Russie et aux agitateurs terroristes qui sont la honte de la civilisation et de l'Humanité.

Regarde, et vois ceux pour qui les socialistes agissent!

Ne vois-tu pas, mon frère exploité, que le Socialisme dans le monde est l'agent des JUIFS?

En France, tous les journaux socialistes sont stipendiés par les millionnaires Juifs, banquiers, usuriers et spéculateurs. Crois-tu que c'est dans l'intérêt des travailleurs que les Juifs paient le Socialisme? *Non! Les Juifs donnent de l'or aux socialistes révolutionnaires parce que ceux-ci ont pour mission de dissoudre la propriété, de ruiner les Gouvernements, d'étouffer le sentiment patriotique, d'avilir les lois justes, de fausser la morale et de détruire la religion afin de permettre aux Juifs d'accaparer toutes les richesses, de monter dans les hauts emplois et de mettre ainsi la main sur les empires et sur les peuples.*

Les SOCIALISTES ne ruinent pas seulement les choses matérielles pour le compte des Juifs, ils ruinent aussi la religion des non-Juifs. En France ils ont pillé les couvents, chassé les religieux, fermé des Églises, abattu des croix — et ils persécutent les fonctionnaires dont les enfants sont élevés chrétiennement.

Les programmes des Jaunes.

Les Jaunes eux viennent te dire : nous respectons les sentiments de tous et de chacun, la conscience de l'homme est sacrée, la religion doit être libre.

Au point de vue social et ouvrier, voici, dans les grandes lignes :

Ce que nous voulons...

(Suivait le programme des Jaunes, et l'exposé de

leurs doctrines relativement au capital et au travail. Le document se terminait sur ces mots :)

Mettez-vous au travail.

Et maintenant que vous êtes éclairés sur le Socialisme, maintenant surtout que vous savez, mes frères, qu'il se lève sur le monde, comme un astre radieux et bienfaisant, un nouveau mouvement social, légitime dans ses espérances et ses manifestations, sublime dans son idéal, — *Mettez-vous à l'œuvre!*

Que, dans l'immense patrie russe, les bons citoyens, les ouvriers et les paysans qui veulent se relever, sans tuer les traditions qui leur sont chères, et en bannir cependant la routine et les abus, que les patrons, les intellectuels, les grands propriétaires, que l'aristocratie comme le peuple Russe se mettent résolument à l'ouvrage — et alors — oui! — de tous les pays nous saluerons le *Réveil de la Russie* et sa venue géante et victorieuse à la tête de la civilisation.

Ce manifeste était signé de MM. Biétry, Czulowski, Weyss, Albert de Guigné, et Raymond von Veldegg, directeur du *Gelbe Arbeiter Zeitung* à Zurich.

Le texte fut répandu à profusion dans tout l'Empire russe par les soins de l'*Union du peuple russe*. Son succès fut « colossal ». Les Jaunes furent remerciés au cours d'un grand meeting tenu à Moscou.

La Douma, en décembre 1908, examina, enfin, la loi Stolypine, et l'approuva, sanctionnant les principes établis par l'oukase du 22 novembre 1906. En fait, les Jaunes de France, en Russie, remportaient une belle victoire et telle qu'ils n'en ont jamais connue sur notre territoire.

XIV

AVENIR DES IDÉES JAUNES

Il ne nous semble pas que les Syndicats jaunes doivent subsister de longues années. Ceci ne veut pas dire, toutefois, que leur œuvre ait été stérile, mais il apparaît que les exagérations du Syndicalisme révolutionnaire ayant à la fois fait sentir la nécessité d'une réforme économique et sociale, et déterminé une réaction de plus en plus vigoureuse, les esprits clairvoyants et pondérés se sont appropriés la doctrine des Biétry et des Japy, l'ont faite leur, et poursuivront méthodiquement la réalisation de la plupart des projets élaborés par les groupements jaunes.

Le mouvement des Jaunes tiendra ainsi à se fondre dans le grand mouvement de transformation de la société moderne. Leurs syndicats deviendront les syndicats modèles entrevus par les législateurs de 1884, les assemblées du prolétariat local, organisé sur le terrain uniquement professionnel.

Les Jaunes ont affiché la volonté de terrasser le Socialisme, ou du moins le Socialisme en ce qu'il a d'outrancier et de négateur. Je ne crois pas que ce résultat puisse être acquis, car, ainsi que l'a si justement observé M. Warin, cette hypothèse ne saurait se réaliser que dans un état où tout le monde serait satisfait. C'est là une chimère au même titre que la perfection de l'individu rêvée par les chefs de la C. G. T. « Individualisme et Socialisme, a-t-on dit, sont les deux pôles de la pensée moderne. » Cette affirmation sera de tous les temps. Il existera toujours des mécontents, envieux ou aigris, des politiciens en mal de surenchères pour les conduire, et que leur doctrine soit affublée d'une étiquette ou d'une autre, ils s'opposeront invariablement à l'évolution raisonnée et lente de la société humaine.

Cette évolution, les Jaunes l'ont entrevue. Elle n'est pas vers le Communisme, car le Communisme est impossible lorsqu'il s'agit de millions d'hommes, mais vers le développement de la propriété individuelle. On peut, avec les Jaunes, estimer que le principe de l'évolution vers le propriétisme est l'expression d'une loi quasi-naturelle. N'a-t-on pas vu, dans la tourmente de 1907, le *mir* disparaître en Russie? Au Mexique, le gouvernement a fait voter une loi accordant aux collectivités indiennes, trop pauvres, la propriété individuelle.

On a prétendu que l'idée de l'universalité de la propriété était irréalisable. Pour se convaincre du contraire, il suffit de remarquer que l'accroissement des richesses est continu et cela malgré la dispersion de la grande propriété.

Les Jaunes, entre autres moyens d'accession à la propriété, préconisent l'octroi de la capacité civile aux syndicats et la participation aux bénéfices. Ce sont là des mesures si notoirement réalisables que le président du Conseil, dans un discours-programme, a annoncé, en novembre dernier, le dépôt prochain d'un projet touchant la responsabilité des syndicats.

Quant à la participation aux bénéfices, — qui n'en est plus, nous l'avons vu, à ses essais, —

elle est l'objet d'une proposition de loi de M. Tournade à la Chambre, dont voici les éléments principaux :

ARTICLE 1er. — Tout commerçant, industriel ou agriculteur, toute société commerciale, industrielle ou agricole, salariant des employés et ouvriers, est tenu de faire participer son personnel aux bénéfices nets de l'entreprise dans la proportion et les conditions énumérées dans l'article 2.

ART. 2. — Une part de 10 p. 100 des bénéfices nets, après le prélèvement nécessaire à la rémunération du capital, est réservée pour être attribuée au personnel ayant au minimum trois ans de services effectifs dans l'entreprise.

ART. 3. — Un comité de contrôle et de répartition est institué dans chaque entreprise commerciale, industrielle ou agricole. Il est composé du patron, des deux plus anciens employés et des deux plus anciens ouvriers.

Les politiciens perspicaces ont, en effet, compris que si l'on ne prenait pas des mesures pour endiguer la révolution montante, mesures propres à donner au prolétariat des espérances et des garanties d'émancipation pacifique, les

Jaunes « deviendraient, malgré leur pacifisme, un parti du travail en révolution contre l'État » et qu'à eux se joindraient, inévitablement, patrons et commerçants, industriels et agriculteurs, contraints de serrer leurs rangs pour briser la tutelle collectiviste. Il est à supposer que le principe de *l'obligation* ne sera pas inséré dans la loi relative à la participation aux bénéfices. Il est dangereux en soi. M. Pascalis a, dans un remarquable rapport au Comité central des Chambres syndicales patronales, écrit ces lignes, qui, sous sa plume, prennent une valeur particulière :

« Nous ne croyons à la vertu pacificatrice et salutaire de la participation que si elle est volontaire. Cette condition nous parait indispensable pour qu'elle produise tous ses effets, car elle ne doit pas être, comme on l'a dit, un *sursalaire*. Il faut qu'il soit bien entendu que, déjà, ouvriers et employés sont rémunérés suivant les services rendus, et que c'est en dehors de cette rémunération, offerte et acceptée, que le chef d'entreprise, dans le but de les attacher davantage, aussi bien à sa personne qu'aux résultats de ses affaires, s'engage à leur répartir une portion de ses bénéfices. Si cette répartition est obligatoire, si elle est fixée par une loi, il est évident que c'est chose due. Non seulement le salarié n'a plus aucune reconnaissance à avoir vis-à-vis de l'employeur, mais ce dernier, tenu malgré lui à ce partage, sera amené à s'efforcer de diminuer d'autant le salaire, les deux rétributions étant du même ordre. »

Les Jaunes me semblent n'avoir pas envisagé ce côté de la question, bien qu'ils aient, à maintes reprises, affirmé leur volonté d'attacher l'ouvrier au patron. En outre, avec M. Paul Delombe, président de la Société pour l'étude de la participation aux bénéfices, il faut reconnaître que cette pratique comporte une variété infinie d'applications, et qu'elle réclame une parfaite liberté d'options et de décisions chez les employeurs, en raison de la diversité des commerces et des industries.

Il est, enfin, d'autres mesures législatives qui pourront être adoptées par le Parlement dans le but de permettre à l'ouvrier d'accéder au capital, et qui figurent au programme jaune. Il est vraisemblable que, dans un avenir plus ou moins lointain, la loi sur les sociétés anonymes sera modifiée dans le sens préconisé par les Jaunes. On pourra, également, obliger les sociétés minières et les chemins de fer à fractionner leurs titres en coupures de 100 francs de façon à en permettre la diffusion parmi les agents ou ouvriers.

Aux élections de 1910, l'*Alliance républicaine démocratique* a repris un grand nombre des idées du parti jaune. On les reconnaîtra aisément dans le texte de la circulaire qu'elle adressait alors à ses adhérents.

« Notre politique sociale a pour but l'*accession* de plus en plus généralisée des travailleurs *au capital et à la propriété*.

« Elle a pour moyen une législation qui, sans bouleverser les bases de l'ordre social actuel, en atténue les inégalités, établit un lien entre les faibles et les forts, assure la protection légale des faibles, les droits de l'individu, la liberté du travail, conquête essentielle de la Révolution française, et subordonne les intérêts corporatifs à ceux de la souveraineté nationale :

« *Élargissement de la capacité civile des syndicats professionnels*; loi sur la *participation aux bénéfices*, sur la *coopération* (production, consommation, crédit et construction), sur les *sociétés anonymes de travail* ou les *sociétés à participation ouvrière* — organismes fonctionnant déjà, qui transforment progressivement le travail salarié en travail associé, et rendent ainsi l'ouvrier copropriétaire de l'entreprise. »

Les lois du 10 avril 1908 et du 13 juillet 1909 ont facilité à l'ouvrier des champs l'acquisition d'un lopin de terre; le bien de famille a été protégé, la construction des habitations à bon marché favorisée. Les théories jaunes ont donc obtenu gain de cause sur bien des points. On parle de décentralisations administratives. Il est loisible d'admettre que le projet des Chambres de capacité sera examiné quelque jour par les pouvoirs législatifs.

Tous ces exemples prouvent que, bien que moins turbulent que le Syndicalisme rouge, moins connu que lui de l'opinion publique, le Syndicalisme jaune a laissé son sillon dans l'histoire économique et sociale du siècle qui commence. On en peut augurer que ce mouvement n'aura pas été inefficace pour l'avenir du prolétariat et l'amélioration raisonnée du sort des ouvriers.

BIBLIOGRAPHIE

BELLAIGUE (Henry de). *Pour les Jaunes*, broch., au *Jaune*.

BIÉTRY (Pierre). *Le Socialisme et les Jaunes*, 1 vol. in-18, Plon, 1906.

— *Les Jaunes de France*, 1 vol. in-18, Paclot, s. d.

— *Séparation des écoles et de l'État*, 1 vol. in-18, Jouve, 1908.

— *L'utopie socialiste, Rouges et Jaunes, leur Socialisme*, broch., au *Jaune*.

CAVALIER (Auguste). *La création d'un Syndicat jaune* (revue les *Conférences*, 1er mai 1901).

CLAVERIE. *Syndicats du Commerce et de l'Industrie*, *Action populaire*, n° 93.

CAULOWSKI (F.). *La transformation du Salariat et du Capitalisme*, 1 vol. in-18, Jouve, 1910.

— *Les revendications des mineurs*, *Défense sociale*, n° 36.

DELCOURT-HAILLOT. *Rouges et Jaunes*, *Action populaire*, tract., n° 7, Lille.

— *Le programme des mineurs jaunes*, *Comité de défense sociale*, n° 39.

DUFOURMANTELLE (Maurice). *Les Syndicats ouvriers* : Syndicats de combat, Syndicats de travail, *Comité de défense sociale*, n° 41.

FAGNIEZ (Gustave). *Corporations et Syndicats*, 1 vol. in-18, Lecoffre, 1905.

GIDE (Charles). *L'actionnariat ouvrier* (Disc. prononcé à l'Université libre de Bruxelles le 30 octobre 1909). Paris, Larose et Thenin, 1910. (Extrait de la *Revue d'Économie politique*).

JAPY (Gaston). *Les idées jaunes*, 1 vol. in-18, Plon, 1906.

— *Intellectuels exploiteurs*, broch., au *Jaune*: *Cahier des Travailleurs*, *idem*.

LAMARZELLE (de). *Démocratie et égalité*, dans *Le Correspondant*, 10 juillet 1906.
LECOQ (Édouard). *Contre l'oligarchie*, préface de Pierre Biétry, 1 vol. in-18, au *Jaune*, s. d.
LEFRANC (Marcel). *Les Syndicats indépendants du Creusot et de Montceau-les-Mines*, *Défense sociale*, n° 40.
MUN (Comte A. de). *Grèves, arbitrages et Syndicats*, *Comité de défense sociale*, n° 32.
MAIRE (Henry). *De l'organisation et de la représentation des intérêts professionnels*, 1 vol. in-8, Jouve, 1909.
MERLIN (R.). *Le contrat de travail, les salaires, la participation aux bénéfices*, 1 vol. in-18, F. Alcan, 1901.
POIZAT (Alfred). *Ce qu'a fait Biétry*, broch. in-18, au *Jaune*, 1907.
ROGUENANT (A.). *Patrons et ouvriers*, 1 vol. in-18, Lecoffre, 1907.
SEILHAC (Léon de). *Syndicats ouvriers, fédérations, bourses du travail*, 1 vol. in-18, Colin, 1902.
— *Coopération*, *Défense sociale*, n° 10.
THÉOPHILE. *Cahier de l'ouvrier*, broch., au *Jaune*.
TURMANN (Max). *Rouges et Jaunes*, dans *La Quinzaine* des 1er et 16 octobre 1902.
WARIN (Robert). *Les Syndicats jaunes*, leur histoire, leurs doctrines, 1899-1908, 1 vol. in-8, Jouve, 1908.
Collections du *Peuple*, du *Jaune*, de *La Voix française*; *Almanach des Jaunes* (1907); *La Réforme sociale*, *passim*; les *Hommes du jour*, 7 novembre 1908; *Gazette de Moscou*, 27 août 1907. Voir aussi les romans jaunes : BARRACAND (Léon), *Amour oblige*, in-16, et GEOFFROY, *Les Camarades jaunes*, in-16, etc.

APPENDICE

I

Extraits du discours de M. Loubet, Président de la République, aux syndicalistes indépendants.

« Messieurs,

« Je viens d'écouter avec la plus grande attention la lecture que vous venez de me faire. N'ayant pas sous les yeux le dossier dont il s'agit, je ne puis, vous le comprenez bien, vous promettre de donner suite à votre demande. Mais ce dont je veux vous assurer, c'est *de toute ma sympathie*.

« Oui, je tiens à vous démontrer ma sympathie, parce que je considère que l'œuvre à laquelle vous vous êtes voués est absolument digne d'intérêt. Vous avez bien fait d'organiser vos syndicats ouvriers en les plaçant sous l'égide de la loi de 1884.

« J'ai toujours pensé, et non seulement depuis que je suis Président de la République, mais quand j'étais ministre, sénateur ou député, que l'avenir des travailleurs était dans leur organisation rationnelle et raisonnée.

. . . .

« Comment ne pas approuver une si belle action! Diviser en deux le monde du travail? Quelle faute! La lutte des classes? Quelle utopie!

« Puis, où commencent et où finissent les classes à soutenir ou à combattre; aussi, comme je vous approuve de ne voir, entre patrons et ouvriers, qu'une seule et même classe : *la classe du travail.*

« Et il faut bien le dire, les hommes ou, mieux, LES POLITICIENS, puisque vous avez employé ce terme, QUI ATTISENT LES HAINES, QUI EXCITENT LES CONVOITISES, QUI LANCENT LES UNS CONTRE LES AUTRES DES HOMMES QUI SONT FAITS POUR S'ENTENDRE ET S'UNIR, CES HOMMES-LA, VOUS NE SAURIEZ TROP LE RÉPÉTER, SONT OU DES NIAIS OU DES MISÉRABLES.

« *Aussi, Messieurs, l'œuvre que vous avez entreprise a toutes mes sympathies; je vous félicite de votre courage et je vous souhaite de tout mon cœur une grande réussite.* »

II

Le programme des Jaunes de France (1904).

Article premier. — 1. Revendication ferme et continue des améliorations qui sont indispensables au développement physique, intellectuel et moral de la classe ouvrière;

2. Accession de la main-d'œuvre au capital et à la propriété;

3. Opposition à toutes les grèves n'ayant pas un caractère exclusivement professionnel et dont la nécessité n'est pas démontrée par l'intransigeance patronale;

4. Fixation des heures de travail par corporations, régions et métiers, d'un commun accord entre syndicats patronaux et syndicats ouvriers;

5. Lutte contre le collectivisme municipal et d'État qui, en fonctionnarisant les travailleurs, les met dans la main d'un maître anonyme irresponsable et plus dur que le patron;

6. Développement dans la classe ouvrière des grands moyens sociaux de relèvement et d'indépendance, et garanties pour la vieillesse des travailleurs : mutualité, assistance et retraites ouvrières;

7. Encouragement à toutes les initiatives pri-

vées dirigées vers des œuvres de bienfaisance;

8. Éducation civique et professionnelle de tous les travailleurs, en vue de tous les droits, de tous les besoins et de toutes les libertés nécessaires à un grand peuple;

9. Liberté d'association, liberté d'enseignement, liberté absolue de conscience, droit de propriété;

10. Droit de propriété sans restriction pour les syndicats et unions de syndicats.

But

Art. 2. — La Fédération nationale poursuit le but :

1. D'organiser la France du travail en syndicats ouvriers, agricoles et patronaux, par corporations, régions et métiers;

2. De les relier ensuite à elle afin de former le *Parti des Intérêts nationaux*;

3. D'assurer à tous les travailleurs de France un contact permanent avec les éléments patronaux, afin de souder plus étroitement l'accord du capital et du travail;

4. De poursuivre auprès des pouvoirs publics la réalisation du programme des « *Jaunes* » *de*

France, ainsi que les revendications isolées ou collectives des membres ou groupements affiliés à la Fédération ;

5. Enfin, de faire bénéficier tous les travailleurs, tous les corps de métiers et l'ensemble des membres adhérents, d'une solidarité rationnelle et puissante dont l'influence sur le terrain économique et social sera décisive.

Admission

Art. 3. — Peuvent adhérer à la *Fédération nationale des « Jaunes » de France* :

Les syndicats ouvriers, les syndicats patronaux, les syndicats d'agriculteurs et d'ouvriers agricoles, les fédérations de métiers, cercles d'études, groupes de « Jaunes », et en général toutes les corporations ou individualités qui, ayant accepté les statuts et s'y conformant, auront été admis par le Comité national de la Fédération.

Rouges et Jaunes

(D'après le journal *Le Jaune*.)

Le Rouge veut l'expropriation.	*Le Jaune* veut la participation.
Le Rouge, c'est le fanatique et le violent.	*Le Jaune*, c'est le travailleur conscient et libre.

Le Rouge veut détruire la propriété.

Le Rouge fait alliance avec les politiciens révolutionnaires contre les patrons et contre l'usine.

Le Rouge s'est fonctionnarisé sournoisement en sollicitant les subventions municipales et gouvernementales, il vit aux crochets des contribuables.

Le Rouge ruine son foyer et celui de ses camarades par les grèves politiques.

Le Rouge pratique la violence et la tyrannie.

Le Rouge, c'est le négateur, le révolté, le destructeur.

Le Jaune revendique pour les ouvriers les moyens d'accéder à la propriété.

Le Jaune préconise l'union avec les patrons pour chasser les politiciens et les meneurs qui exploitent le monde du travail en ruinant les usines.

Le Jaune conserve sa dignité et son indépendance.

Le Jaune poursuit les revendications légitimes sans cesser son travail et sans affamer ses enfants.

Le Jaune déteste la tyrannie et se bat pour la liberté.

Le Jaune, c'est le croyant, le bon camarade, le créateur du bien-être pour tous.

III

Vœu concernant la participation au capital, adopté au Congrès des Jaunes, octobre 1909.

Le Congrès des Jaunes,

Considérant que la civilisation et le progrès sont liés au développement de la propriété individuelle qui seule assure à l'homme la liberté ;

Que la concentration des capitaux et le machinisme, en créant le salariat, ont accentué le déséquilibre existant entre ceux qui possèdent et les prolétaires dépossédés ;

Que la justice sociale doit être cherchée dans les moyens de faciliter au prolétaire la conquête du capital et de la propriété et non dans le régime primitif et avilissant du socialisme communiste ou collectiviste ;

Considérant, en outre, que le salariat en maintenant le travailleur dans la situation de dépossédé provoque une inégalité qui facilite les conflits de travail ;

Que le salaire ordinaire ne constitue pas, dans le travail moderne, la rémunération équitable du travail, surtout s'il résulte d'un contrat de louage à la journée ;

Que les trois facteurs de la production : capital, travail et intelligence directrice doivent participer aux résultats de l'entreprise à laquelle ils ont collaboré, mais que cette participation serait une injustice si le facteur travail n'avait pas en même temps une part dans la responsabilité de l'entreprise, comme le facteur capital ;

Que la participation des travailleurs tant au capital d'une entreprise qu'à sa direction et à son administration sera une source féconde de richesses et provoquera une transformation complète du sort du travailleur salarié en élevant sa condition morale et matérielle;

Que la législation actuelle sur les sociétés anonymes ne permet pas aux travailleurs, en raison du peu de capital dont ils disposent, de participer à la fondation de ces sociétés, quoique le régime de l'anonymat ait déjà favorisé le morcellement de la richesse;

Émet le vœu :

Que la loi sur les sociétés anonymes soit modifiée de façon à permettre en toutes circonstances l'émission d'actions de 25 francs.

Qu'en tout cas la loi oblige toute société en formation à diviser une partie de son capital — au moins le cinquième — en coupures de 25 francs qui seront offertes au personnel de l'entreprise, si la société fait suite à une entreprise privée, ou souscrites par le Conseil d'administration pour être cédées au personnel de la société quand celle-ci sera constituée et si les ouvriers ou employés en font la demande; ces actions ouvrières seront nominatives et ne pourront être cédées ou transférées que suivant des règles prévues statutairement; elles seront insaisissables jusqu'à une somme à déterminer. Toute société pourra aussi émettre des obligations ayant mêmes caractères.

IV

Le projet Briand sur les actions du travail.

(*Revue* du 15 mai 1909.)

Qu'est-ce que la Société à participation ouvrière?

C'est, en la forme, une société anonyme à laquelle s'appliquent toute les règles des sociétés de ce genre sous les réserves suivantes :

1° L'apport-capital et l'apport-travail, agents indispensables de toute production économique, y donnent naissance à deux sortes d'actions, *actions de capital et actions de travail* créant à leurs possesseurs des droits identiques pendant toute la durée de la société. *Toutefois, lors de la dissolution, l'actif social n'est réparti entre tous les actionnaires qu'après l'amortissement intégral des actions de capital;*

2° Le nombre des actions de travail est déterminé par les statuts. *Les actions sont la propriété collective de tous les salariés actifs de la société, y travaillant depuis un certain temps et d'une façon permanente. Tant que la société existe, chaque travailleur, considéré isolément, n'a aucun droit à la propriété des actions de travail.*

La part *des bénéfices annuels*, ou de *l'actif social au cas de dissolution, revenant aux actions de travail*, est répartie entre tous les salariés proportionnellement à leur salaire annuel;

3° Des représentants de la collectivité ouvrière à l'assemblée générale des actionnaires — dans la proportion statutaire, d'après le nombre des actions — sont élus chaque année, par les salariés : chacun d'eux disposant d'un nombre de voix proportionnel à son salaire, le salaire le plus bas servant d'unité;

4° Le conseil d'administration comprend nécessairement, pour un quart au moins, des représentants de la collectivité ouvrière propriétaire des actions de travail.

Ces représentants peuvent être choisis en dehors du personnel de l'entreprise parmi les membres des syndicats ouvriers représentés dans ce personnel;

5° Toute société en formation et qui désirera prendre la qualification de société à participation ouvrière avec les avantages légaux et fiscaux y attachés ne pourra émettre aucune espèce de titres avant l'approbation de ses statuts donnée par le président du tribunal civil du lieu où sera établi le siège social, après avis des syndicats ouvriers intéressés dans les entreprises similaires.

V

Proposition de loi sur la participation aux bénéfices.

(Projet Tournade, 1909.)

Article premier. — Tout commerçant, industriel ou agriculteur, toute société commerciale, industrielle ou agricole, salariant des employés ou ouvriers, est tenu de faire participer son personnel aux bénéfices nets de l'entreprise dans la proportion et les conditions énumérées à l'article 2.

Art. 2. — Une part de 10 p. 100 des bénéfices nets, après le prélèvement nécessaire à la rémunération du capital, est réservée pour être attribuée au personnel ayant au minimum trois ans de service effectifs dans l'entreprise.

Art. 3. — La part de chaque participant dans

les bénéfices sera déterminée par autant d'annuités qu'il aura de fois trois ans de services actifs.

Art. 4. — Le participant devra opter en entrant pour l'un des quatre systèmes suivants :

1° Toucher sa participation en espèces dans les deux mois qui suivent l'inventaire annuel ;

2° Réserver le montant de ses participations pour être converties en rentes viagères ;

3° Réserver ses participations pour être transformées en une assurance sur la vie à soixante ans d'âge ou vingt ans de services dans la même entreprise ;

4° Suivant le cas, convertir ses participations en part de capital.

Le participant qui aura opté pour les trois dernières combinaisons ne pourra changer cette combinaison en cours de contrat.

Art. 5. — Un comité de contrôle et de répartition est institué dans chaque entreprise commerciale, industrielle ou agricole.

Il est composé du patron (directeur ou administrateur), des deux plus anciens employés et des deux plus anciens ouvriers.

Ses fonctions sont gratuites.

Il établit chaque année au 31 décembre, la liste

des ayants droit à la participation aux bénéfices avec le nombre d'annuités à attribuer à chacun d'eux, conformément aux prescriptions de l'article 3, et s'assure que les versements relatifs aux combinaisons 2, 3 et 4 de l'article 4 ont été régulièrement observés.

Dans les exploitations de faible importance, le patron et un représentant du personnel sont chargés des opérations ci-dessus.

Art. 6. — Un décret d'administration publique stipulera les établissements ou compagnies d'assurances qui seront autorisés à servir les rentes viagères ou assurances visées par l'article 4.

Le même décret en stipulera les conditions.

VI

Manifeste des Jaunes (1908).

Exposé des motifs. — Résolutions.

Origine de la Fédération nationale des Jaunes de France. — Le mouvement jaune est né de besoins multiples et impérieux : sauvegarder la liberté du travail, substituer à la lutte des classes ouvertement professée et subventionnée les principes d'accord et d'entente, lutter contre les monopoles et l'envahissement de l'État, au profit des méthodes de liberté et de propriété, arracher les ouvriers des mains des politiciens démagogues qui l'exploitaient.

Doctrine. — Dans les Congrès nationaux de *1904*, *1906* et *1907*, les associations syndicalistes et économiques, ouvrières, agricoles, et patronales de la *Fédération nationale des Jaunes de France*, arrêtèrent et préconisèrent les bases d'une doctrine sociale nouvelle dans ses moyens, basée sur « l'accession des ouvriers à la propriété » avec comme instruments d'action et de concorde les syndicats ouvriers, patronaux, commerciaux, agricoles, constitués par métiers, corporations et régions, fédérés entre eux et réunis enfin régionalement en *chambre de capacité* par leurs délégués respectifs.

La pensée des fondateurs du mouvement jaune, leurs déclarations publiques, les résolutions des congrès, les travaux, conférences, brochures, articles des principaux militants ont constamment écarté du mouvement professionnel et économique des Jaunes l'intrusion de la politique, aussi bien dans le sein de la Fédération que dans celui des syndicats.

Résultats. — Il résulte aujourd'hui, d'un examen approfondi de la situation, que la première étape que se sont assignée les fondateurs du mouvement jaune est accomplie.

a) Que par leurs soins le Syndicalisme révolutionnaire est décimé ;

b) Que le Socialisme doctrinal ou politique est complètement démasqué et son influence ramenée aux justes proportions où l'on doit maintenir les partis inférieurs et parasitaires ;

c) Que de plus en plus les travailleurs de toutes catégories — ouvriers et patrons — tendent à unir leurs efforts et leurs intérêts en dehors des interventions de la politique ;

d) Que cependant les syndicats ne sont pas une fin, ni le but unique des efforts et de la doctrine des Jaunes qui se proposent de modifier, en même temps que les relations entre employeurs et employés, la législation et les mœurs.

Résolutions. — Pour toutes ces raisons le Comité directeur de la *Fédération nationale des Jaunes de France*, à l'unanimité de ses membres, ouvriers, patrons, intellectuels et représentants des professions libérales, décide de mettre d'accord la *constitution des Jaunes* à la fois avec les intérêts exclusifs du Syndicalisme et avec la nécessité où se trouve le mouvement social des Jaunes propriétistes de viser et de préparer la conquête des pouvoirs publics.

En conséquence la partie exclusivement économique professionnelle, corporative et coopérative de la Fédération nationale des Jaunes de France recevra sa complète autonomie sous le nom de *mouvement syndicaliste.* Cette mesure est prise uniquement afin de tenir les groupements économiques en dehors des compétitions, des luttes et des divisions électorales.

Le *mouvement social propriétiste* des Jaunes sera de son côté absolument indépendant des organisations économiques. Il englobera des ligues, groupes, comités, cercles d'études, préparera les élections, renfermera et dirigera en général toute les formes associées de l'activité et de toutes les bonnes volontés individuelles pour des fins politiques et sociales.

Ces résolutions furent prises sur proposition du président de la Fédération nationale des Jaunes de France, appuyées du Comité exécutif et ratifiées à l'unanimité par le Comité national.

TABLE DES MATIÈRES

VIII

IX

X

XI

XII

XIII

XIV

1500-10 — Coulommiers. Imp. Paul BRODARD. — 2. 11

LIBRAIRIE FÉLIX ALCAN

RÉCENTES PUBLICATIONS

BOURDEAU (J.). **Entre deux servitudes :** *Démocratie, Socialisme, Syndicalisme. Impérialisme. Les étapes de l'internationale socialiste. Opinions de sociologues.* 1 vol. in-16 . . . . 3 fr. 50

CHALLAYE (F.). **Syndicalisme révolutionnaire et syndicalisme réformiste.** 1 vol. in-16 . . . . 2 fr. 50

CHASTIN (J.), professeur au lycée Voltaire. **Les trusts et les syndicats de producteurs.** 1 vol. in-8, cart. à l'angl. (*Ouvrage récompensé par l'Institut*). . . . 6 fr.

COLLIEZ (A.). **Les coalitions industrielles et commerciales d'aujourd'hui.** *Trusts, cartels et corners.* 1 vol. in-8. . . . . 6 fr.

DEPASSE, député. **Du travail et de ses conditions.** *Chambres et conseils de travail.* 1 vol. in-18 . . . . 3 fr. 50

Le droit de grève, par MM. Ch. GIDE, H. BERTHÉLEMY, P. BUREAU, A. KEUFER, C. PERREAU, Ch. PICQUENARD, A.-E. SAYOUS, F. FAGNOT, E. VANDERVELDE. 1 vol. in-8, cart. à l'angl. . . . . 6 fr.

EICHTHAL (E. d'), membre de l'Institut. **La liberté individuelle du travail et les menaces du législateur.** 1 vol. in-16. . . . . 2 fr. 50

FOURNIÈRE (Eug.). **L'individu, l'association et l'État.** 1 vol. in-8. . . . . 6 fr.

GOBIN (M^ce) docteur en droit. **L'idée d'obligation au groupement.** Applications aux groupements professionnels et mutualistes. 1 vol. gr. in-8. . . . . . 5 fr.

HAYEM (J.). **La loi et le contrat de travail.** 1 vol. gr. in-8. . . . . . . 5 fr.

HOURS (A.). **Essai sur la légitimité du droit de coalition.** 1 vol. in-8. . . 3 fr.

HOWELL. **Le passé et l'avenir des trades unions.** 1 vol. in-8. . . . . . . 5 fr. 50

HUBERT-VALLEROUX, avocat à la Cour d'appel. **Les associations coopératives en France et à l'Etranger.** 1 vol. in-8 . . . . 8 fr.

— **Les corporations d'arts et métiers et les syndicats professionnels en France et à l'étranger.** 1 vol. in-8 . . . . 7 fr. 50

LEROY-BEAULIEU (P.), de l'Institut. **Le collectivisme.** Examen critique du nouveau socialisme. L'évolution du socialisme depuis 1895. *Le syndicalisme.* 5e édition revue et considérablement augmentée. 1 vol. in-8. . . . . 9 fr.

LIESSE (A.), professeur au Conservatoire des Arts et Métiers. **Le travail,** aux points de vue scientifique, industriel et social. 1 vol. in-8. . . . . . . 7 fr. 50

MARTIN SAINT-LÉON (E.). **Histoire des corporations de métiers,** depuis leurs origines jusqu'à leur suppression en 1791, suivie d'une étude sur *l'Évolution corporative de 1791 à 1900 et sur le mouvement syndical contemporain.* 2e éd. revue et augmentée. 1 fort vol. in-8 (*Ouvrage couronné par l'Académie française*). . . . . 10 fr.

MERLIN (R.), bibliothécaire archiviste du Musée social. **Le contrat de travail, les salaires, la participation aux bénéfices.** 1 vol. in-18. . . . . 2 fr. 50

MILHAUD (Mlle). **L'ouvrière en France.** Sa condition présente. Réformes nécessaires. 1 vol. in-16. . . . . 2 fr. 50

MOLINARI (G. de), correspondant de l'Institut. **Les Bourses de travail.** 1 vol. in-18. . . . . 3 fr. 50

PAUL-BONCOUR (J.), député. **Le fédéralisme économique,** *étude sur les rapports de l'individu et des groupements professionnels,* préface de WALDECK-ROUSSEAU. 2e édit. 1 vol. in-8 . . . . 6 fr.

PAUL-LOUIS. **L'ouvrier devant l'État.** Étude de la législation ouvrière dans les Deux-Mondes. 1 vol. in-8. . . . . 7 fr.

— **Histoire du mouvement syndical en France (1789-1906).** 1 vol. in-16. . . 3 fr. 50

— **Le syndicalisme contre l'État.** 1 vol. in-16. . . . . 3 fr. 50

PAWLOWSKI. **La confédération générale du travail.** *Ses origines, Son organisation. Ses tendances. Ses moyens d'action et son avenir.* Préface de J. BOURDEAU. 1 vol. in-16. . . . . 2 fr. 50

PIC (P.), professeur à la Faculté de droit de Lyon. **La protection légale des travailleurs et le droit international ouvrier.** 1 vol. in-16. . . . . 2 fr. 50

RAFFALOVICH (A.). **Trusts, cartels et syndicats.** 2e éd. 1 vol. in-18. . . . 5 fr.

RICHARD (A.). **L'organisation collective du travail.** Essai sur la coopération de main-d'œuvre, le contrat collectif et la sous-entreprise ouvrière, préface par YVES GUYOT. 1 vol. gr. in-8. . . . . 6 fr.

SCHULZE-GAVERNITZ. **La grande industrie,** traduit de l'allemand par P. GUÉROULT. 1 vol. in-8. . . . . 7 fr. 50

VANDERVELDE. **L'exode rural et le retour aux champs.** 1 vol. in-8. 2e éd. 6 fr.

Envoi franco contre mandat-poste.

www.ingramcontent.com/pod-product-compliance
Ingram Content Group UK Ltd.
Pitfield, Milton Keynes, MK11 3LW, UK
UKHW022059190726
13855UKWH00002B/551

9 782012 898820